Gleam BOOKS

弁護士 CASE FILE I

早稲田リーガルコモンズ法律事務所

株式会社 朝陽会

はしがき

本書は令和版の「弁護始末記」である。

大蔵省印刷局が官報の姉妹誌として発刊した『時の法令』誌に、一九八〇年から二二年間にわたって掲載された名物連載が「弁護始末記」であった。

立法担当者による法令解説が中心の同誌に弁護士の手による個別の事件解決の話が載るという異色の趣向だったが、書籍化が三〇巻まで続く息の長い連載となった。

令和の時代に、これを蘇《よみがえ》らせたい。協力してもらえないか。

当時の編集長が、キャリアの浅い私のような弁護士になぜそのような相談をされたのか今となっては不明だが、弁護士が担当事件について率直に語る連載は、ありそうで、実はあまりなく、確かに法律を身近に感じるきっかけになるなと頷《うなず》かされた。

熱意にいささか怯《ひる》んだものの、当初から力んで漕ぎ出すのではなく、まずはゆるゆるとでも進水し、沖に向かう最初のお手伝いであれば、と初期の書き手のアレンジをお引き受けしたのを覚えている。

弁護士に担当事件を語ってもらう、という企画を令和の時代に蘇らせるには苦労もあった。特に守秘義務の扱いである。

昭和の頃の記事には、こんなことまで書いてしまってよいのかというような記載もあった。当時の弁護士諸氏の間でも、この点については議論がなされたそうである。弁護士の守秘義務自体は不変のものなれど、時代が移ろうにつれて人々の感覚も変化する。この点は特に気を配った。当事者の了解を得るか、または、当事者を推知できないようにフィクションを織り交ぜるように配慮してもらった。それでも、その事件を通じて伝えたい肝の部分は押さえていると思っている。

時の法令誌上で弁護士ＣＡＳＥ ＦＩＬＥの連載はいまも続いている。本書に収めた一四本は、そのうち早稲田リーガルコモンズ法律事務所所属の弁護士の執筆を集めた。

本書の編集にあたっては、後任の編集長、そして発行元の株式会社朝陽会にも多大なご尽力を賜った。記して感謝したい。

本書所収の一四本を読むだけでも、弁護士の仕事が十人十色であること、そしてその魅力が伝わるのではないだろうか。

本書が法律や弁護士の仕事を身近に感じる一助になることを願っている。

二〇二一年八月

弁護士　河﨑健一郎（早稲田リーガルコモンズ法律事務所代表弁護士）

目次

❶ 路上の事件簿

河﨑健一郎

路上で暮らす人々がいる。

人が路上で暮らす理由は様々だ。経済的な理由で家を失った。人間関係のトラブルで家にいられなくなった。そんな理由で多くの人はやむを得ず路上で命をつなぐ。そうした路上生活の方々の支援をするのも法律家の仕事の一領域だ。

私はキャリア一〇年を過ぎたくらいの、いわゆる「中堅」の弁護士だ。最近ではもっぱら、事業者の法律相談や事業相談の仕事を受けることが多い。路上生活者支援の現場からはすっかり遠ざかってしまっている。それでも弁護士CASE FILEの原稿依頼を受けて書きたいと思ったのは、事業者の事件ではなく、むしろ路上で生活する人々の事件だった。

事実は小説より奇なり、という言葉がある。自分の想像力のその先を言い表してくれているようなこの言葉が、私の座右の銘となったのは、路上生活者の人々の支援に取り組むようになってからのことだ。この機会に、私が関わった路上の幾つかの物語について書いてみたい。

1　生活保護ってなんですか事件

最近の事件から始めよう。春の連休前の日曜、携帯電話が鳴った。被疑者国選弁護の打診だった。久しぶりだったので不意をつかれた。その日が自分の担当日だということは認識していたが、ここ数年被疑者国選弁護の依頼電話が掛かってくることは珍しかった。受けられますか、というので、はい、と答えると、あらかじめ登録してある事務所のＦＡＸに詳細が届く。ふむふむ、なになに、Ｏ警察署か。自宅からそう遠くない。被疑者の名前はＡさん。被疑事実は窃盗。被害額は、一二〇円。

…一二〇円？

神社の賽銭《さいせん》箱に棒を突っ込んでお金を取ったということらしい。いわゆる賽銭泥棒である。

勾留理由の一号の欄に丸がついていた。一号は住所不定なので、被疑事実と併せて考えると、路上生活者の起こした事件であるようだ。このところ、企業法務にどっぷり浸かっていた私が路上の人の事件を担当するのは久しぶりのことだった。

接見室で会ったＡさんは穏やかな笑顔を浮かべた七〇過ぎの老人だった。被疑事実についての事実確認を終えたあとで路上生活の話に移った。

いつから路上で生活されているんですか。

―どうだろう、五年くらい前かなあ。

場所はどこで？

―さかえ通り（高田馬場）が長かったかなあ。あちらこちらで。

ご飯はどうしていたんですか。炊き出しですか？

―コンビニのゴミ箱からもらっていました。

え、五年間ずっと…？

話を聞いてみると、住み込みの仕事を失った五年ほど前から路上で暮らすようになり、食べ物はあちこちのコンビニのゴミ箱を漁《あさ》って調達していたという。

行政の保護はおろか、民間団体の炊き出しにもつながらず、ゴミを漁って生き抜いている路上の人がいると話には聞いていたが、実際に会うのは初めてだった。

生活保護という制度があって、住まいや食べ物や暮らしを行政が支えてくれるのだけど、聞いたことありませんか。

―知らないですね。言葉はね、聞いたことあるような気がします。でも、自分みたいなのは関係ないんじゃないですか。

そんなことありませんよ。むしろ、Aさんのための制度です。どうですか、私がつなぎますから、生活保護を受けてみませんか。

―そんな話があるんですねぇ。知らなかったなあ。そりゃあ、ありがたい話ですねぇ。お願いしても、いいんですか。

思わず拍子抜けした。自由でいたいから生活保護は受けたくないとの考えあってのことかと思ったら、本当に純粋に、七〇年生きてきた人生で誰にも生活保護という制度を説明されていなかったのだ。

Bさんの身の上話を聞いた。孤児院で育った。家族の記憶はない。取り調べでは出自が特別永住者だと言われたが、そうなんですか、という感じで実感はない。日本語以外の言葉を話せるわけでもない。家族のことは憶えていない。公的な証明書は何も持っていない。

一三歳のときに中学校に通わなくなり、施設を出てからは声をかけてくれる人の手伝いをして、住まいと食べ物の提供を受けて暮らしてきた。給料をもらったことは一度もない。名前と簡単な字しか書けない。友達もいない。人と話すことも最近ではほとんどなかった。前科も前歴もない。七〇年間、ただ独り静かに暮らしてきた。誰にも知られることなく。

担当の検察官は理解のある人で、福祉につなぐことを条件に、Aさんは無事に不起訴となった。

2　はじめての申請同行事件

振り返れば、路上生活者の事件を受けるようになったのは弁護士登録してすぐのことだった。

私が弁護士登録した二〇〇八年末は、世界的に大きな不況に見舞われた年だった。世に言うリーマンショックである。サブプライムローンの崩壊に伴う連鎖的な金融破綻は世界中に広がり、世界の株式市場の価格は暴落した。住み込みの労働者を多く抱えていた製造業は年末にかけてそれらの労働者を大解雇し、行く宛てのなくなった人々が街に溢《あふ》れた。そんな中、各地で法律家が関わる人道支援が行われるようになっていた。一番大規模で目立っていたのが、東京の日比谷公園で行われた年越し派遣村だった。「もやい」というNPO法人で生活困窮者の支援を行っていた湯浅誠氏が「村長」となり、後に日弁連会長となる宇都宮健児氏が「名誉村長」となって、日比谷公園にテントを張り、行くアテのない大量の人々を受け入れていた。

弁護士登録したばかりでさしたる仕事もなかった私は、箱根駅伝の番組途中のニュースで派遣村の存在を知り、物見遊山のような軽い気持ちで現地に赴いたところ手伝うこととなった。その後派遣切りによる生活困窮者や、路上生活者の方々を生活保護につなげる仕事をするようになった。

具体的には、東京の山谷地区にある山友会というボランティア団体で、月に一度無料の法律相談会を行って借金の相談に乗ったり、生活保護の申請を行った窓口で適当にあしらわれて追い返されるという、いわゆる「水際作戦」にあった申請者に同行する活動を行っていた。

そんな中で出会ったのがBさんだった。

最初に出会ったときのBさんは、もう何年も路上で生活している状態だった。髪はボサボサで、肌はカサカサ、なんだかよくわからないものがこびりついたりしていて、独特の匂いを放っていた。目には精気がなく、時折下を向いてブツブツ呟《つぶや》いていた。

話を聞いてみたら、こんな生い立ちだった。

北海道の炭鉱の町で生まれ、中学生の頃までは地元で過ごした。親と喧嘩《けんか》して地元を飛び出して、各地の飯場で肉体労働をして暮らしてきた。高度経済成長期ということもあって仕事には困らず、割の良い仕事を求めて徐々に南下し、やがて関東近辺の飯場にたどり着いた。力仕事には自信があったが、作業中の事故で怪我《けが》をしてしまい、右手の親指から三本を失った。それから仕事にあぶれるようになり、長引く不況がそれに追い打ちをかけた。もう何年も路上で寝ている。冬は寒いので夜眠れず、昼に眠って、夜は凍えないように歩いて過ごしている。

山谷地区で路上生活をしている人に、こうした経緯の人は少なくない。聞き取りメモを申請書に起こして区役所にファックスし、翌日朝、窓口に同行して生活保護申請を行った。窓口で若干のやり取りはあったものの、無事に生活保護申請は通った。

数か月後に山谷の街を歩いていて彼に声をかけられたとき、最初は誰かわからなかった。髪を切って清潔になり、こざっぱりしたジャージを着て笑顔で話しかけてきた彼が、数か月前に申請同行したBさんとは結びつかなかったのだ。

それくらいに、人の印象というのは、環境によって変わるものだなと実感した。そしてそれは私にとって、初めて弁護士という仕事のやりがいを感じた瞬間でもあった。弁護士の仕事を始めて半年くらい、嫌になるほど起案を直され、幾つもの失敗に落ち込んでいた当時の私にとって、それは思いがけない大きなプレゼントだった。

それから、山谷の街に行く度に、彼の住んでいるドヤ（簡易宿泊所）を覗《のぞ》くようになった。大抵彼はそのあたりでブラブラしていたので、誘って南千住の駅前にある大坪屋という安飲み屋に行くのが恒例となった。二五〇円で頼める牛煮込みをつまみに、二〇〇円のホッピーや酎ハイを何杯かやる。他にも保護をかけた何人かのおじさんに声をかけて、みんなの分を私が出しても、会計で五〇〇〇円を超えた記憶がない。

実は、この話には、後日譚《たん》がある。

3　渡したかった通帳事件

それから数年経《た》った頃、東日本大震災が起こった。私は原発事故の避難者支援の対応に時間を割くようになり、いつしか山谷の街から足が遠のいていた。

ある朝、非通知の着信があったので取ってみると、疎遠になっていたBさんが公衆電話から掛けてきたのだった。相談事があるという。何やらよくわからない書類が届いたというのだ。

事務所に来てもらって読んでみると、故郷の町の司法書士からの手紙だった。そこにはBさんの父親が亡くなったこと、その相続の手続きを行いたいことが記されていた。Bさんは難しい漢字が読めないし、昔のことは思い出したくないという。そこで私が話を聞いてみることになった。

連絡を取った司法書士が言うには、このような事情だった。

Ｂさんの父親はずっとＢさんを探していた。しかしＢさんは飯場を転々としたり、路上生活をしたりと所在不明で、住民票をたどっての連絡を取りようがなかった。Ｂさんの父親は最近亡くなった。遺言を預かった彼が相続手続きのために書類を整えていたら、最近になってＢさんが住民票を取得していることがわかった。遺産のＢさんへの相続手続きを行いたいという。

金額を聞いてみて驚いた。数千万円の遺産があるという。そしてもう一つ驚いたことがあった。それは、父親がＢさんの名義で通帳を作り、彼が家を出てからも、定期的にその口座に入金をしていたということだった。

生活保護を受けることで、Ｂさんは住民票が得られた。そのことで、父親が遺産を託した司法書士につながった。そして通帳を通じて、父親の気持ちもＢさんに伝わることとなったのだった。

話を伝えた夜、久しぶりの大坪屋でＢさんと飲んだ。

淡々と私の話を聞いて、ときたま首を捻《ひね》りながら、咀嚼《そしゃく》しがたいものを咀嚼するように、Ｂさんは沈黙していた。

いつもならすぐに手が伸びる牛煮込みに、その夜、Ｂさんは手をつけなかった。

4　ホームレスは社長だった事件

これは弁護士になって五年目くらいに出会った事件だ。その頃には私は支援の現場にはあまり顔を出さなくなっていた。

その日はたまたまタイミングが合って参加した相談会で、Cさんと出会うことになった。Cさんは身長一八〇センチくらいある大柄な男性で、丸いメガネを掛けていた。身なりからは路上生活とはわからなかったが、所持金はわずかだった。まだ秋口だったが、寒い夜はコンビニで立ち読みして過ごし、昼は公園で寝て炊き出しを回って食べ物をもらうという生活を、もう数か月は続けていると話していた。

生活保護につなげるしかないな、と思って話を聞くと、絶対に嫌だと頑として首を縦に振らない。とにかく家族に現状を知られたくないという。日本の生活保護の捕捉率、つまり生活保護を受けるべき状況にある人の中で、実際に受給している人の割合は二割程度と言われている。その一番大きな原因が、生活保護を決定する過程で、家族に扶養照会の連絡が行くことを当事者が嫌がることにある。

生活保護を受けるべき状況にあるかどうかを判断するためには、親族が扶養できるかどうかを判断する必要があるというのが行政側の言い分だ。これが、家族に自分の状況を知られたくない当事者にとって、生活保護申請のとてつもなく高いハードルになっているのが現状だ。それで生活保護を受けることができず、命を絶ってしまうといった痛ましい事例も後を絶たない。

彼も、生活保護を受けるのはよいが、絶対に家族に知られたくないという。彼の意思は頑《かたく》ななので、各地の炊き出しの情報や、一時的に保護を受けられる民間のシェルターなどを紹介し、携帯電話の番号を渡して何かあったら連絡するようにと伝えその日は別れた。

その数日後だった。見慣れない番号から連絡があるので誰かと思って取ってみるとCさんだった。話したいことがあるという。事務所まで来るお金がないというので、彼がそのとき暮らしていた公園まで会いに行くことにした。あいにくの雨で、公園では座って話す場所がない。ちょうど腹も減っていたので、ラーメン屋に入って話を聞くことにした。味噌《みそ》ラーメンを啜《すす》りながらCさんは話し始めた。

――実は、工場をやっていたんです。

へえ、そうだったんですか。経営が悪くなって？

――いや、そうでもなくて。

いまはその工場はどうなっているんですか。

――さあ。飛び出たのはもう一年以上前だからねえ。なんとかやっているんじゃないかな。

どれくらいの工場なんですか。

――どうだろうね。五〇人くらいいるかな。

Cさんはそこで働いていたんですね。職人さんだったんですか。

――いや、そうではなくて。社長なんです。

え…？　社長って、代表取締役？

――はい。

それを辞めてきたんですか。

―いや、そうでもないんです。

それじゃ、今も社長？

―そうなのかな。どうなのかわかりませんが、自分では何もしてないです。嫌になっちゃって、何もかも。それでふらっと出てきちゃいました。

後日、工場に連絡したときは大層喜ばれた。行方不明だった社長の消息がわかったのだ。社長不在の間もしっかりものの奥さんが工場を守り、業績は安定、億単位の資産がある会社の社長だということがわかった。株式は全部Ｃさんの所有で、代表取締役の立場もそのままだった。

後に何度もお邪魔することになる彼の屋敷は庭が二つもある立派な日本家屋で、幅広な玄関の正面には凝った木彫りの衝立《ついたて》が迎えてくれた。

うまく行っている会社なのに、なぜ、出奔など。

―子どもの頃から家を継げと言われて育って、ものすごいスパルタで教育されました。戸塚ヨットスクールって知ってますか。あの頃、幾つか似たような施設があってね。そんな寄宿制の学校に突っ込まれてね。それが本当に嫌で嫌で。でも親父《おやじ》に言い出せなくて。

卒業して親父の工場に入って、親父が死んで跡を継いで、一生懸命やってきたつもりだけど、どこかで無理があったんでしょうね。ふっと、なんもかんも嫌になっちゃってね。

先生と話していて、お金も尽きたし、ここまでかなって。もう、終わりにしようかなと思って。全部、終わらせてください。

全部、終わりにするというと？

――会社を終わらせてください。

よくよく話してみたが、本人の意思は固かった。

その後私は、会社に復帰したＣさんの指示のもと、一年かけて彼の会社を精算することになる。後にも先にも、あんなに業績がうまく行っている会社を精算するという経験をしたことがない。

すべてをゼロにすること、それが彼の強い願いだった。

会社の精算が終わり、工場のあった小都市で過ごす最後の晩、彼の屋敷でおいしい蟹《かに》をご馳走《ちそう》になった。蟹のベストシーズンはもう少し先なんだけど、とＣさんは惜しがっていたが、地元の漁師から直接仕入れてきたというその蟹の味を今も忘れることができない。

そんなＣさんは今、何をしているか。それが、実に意外なのである。

Ｃさんはいま、コンビニでレジ打ちのアルバイトをしているのである。時給は一〇〇〇円に満たないと言っていた。

億単位の売上げの工場の社長をやっていた人が、それをやめてコンビニの店員に？

――でもね、いいんですよ、先生。これは私が自分で選んだ仕事なんです。自分を評価してくれてついた値段なんです。だから、働いていて気持ちが良いんですよ。私は今、幸せなんですよ。

その話をするときのCさんは見たことがないくらい晴れやかな笑顔だった。
人間というのは、一筋縄でいかないものだ、つくづくそう思う。
事実は小説より奇なり。今日も私はその言葉を噛《か》み締めている。

② 介護事故で骨折した後、誤嚥性肺炎で姉が亡くなった

――死亡の責任を施設に問えるか?

原島有史

1 事の始まり

その依頼者から相談を受けたのは、年明けから間もない一月のある寒い日の夜だった。事務所の相談室を訪れた彼は、簡単なメモを私に示しながら、以下のような内容を語ってくれた。

依頼者の名前は山本幸三さん(仮名)、七〇代男性。現在は仕事を引退し、自宅で妻と年金生活を送っている彼は、一〇歳ほど年の離れた姉の美智子さん(仮名)の件で相談に訪れた。

美智子さんは二年前から、都内のある有料老人ホームに入所していた。老人ホームに入所当時、美智子さんは高齢のため足腰がかなり弱っていたものの、認知機能には問題がなく、車イスで介護スタッフとともに近所を散策することもあったという。美智子さんは生涯独身だったため、頼れる身内は幸三さんしかいない。きょうだい仲も良かったので、たびたび妻と老人ホームに顔を出していた。

事故が起きたのは入所後約半年が経過した昨年一月のこと。いつもどおり、スタッフの介助により、

美智子さんはベッドから車イスへと移乗した。そのスタッフは他のスタッフに呼ばれて美智子さんの側を離れ、その部屋には美智子さん一人となった。

このとき座った座面の位置が悪かった。普段ならあり得ないが、美智子さんは車イスにいつもより浅く腰かけた状態だったため、スタッフがそばを離れた直後に、車イスからずり落ちてしまった。「痛い！」という声を聞いて慌ててスタッフが戻ったときには、美智子さんは車イスの脇にうつ伏せで倒れていた。美智子さんはすぐに病院に緊急搬送された。結果は右大腿部頸部《だいたいぶけいぶ》骨折。要するに右足の付け根の部分を骨折してしまったのだ。

と、ここまでであればよくある介護事故だが、本件はここでは終わらない。美智子さんは手術以降、目に見えて体力が減退していった。足を動かすと痛みが走るため、寝たきり状態となった。筋力は急速に減退して、目を覚ましている時間も徐々に短くなっていった。手術後二か月を過ぎた頃には誤嚥《ごえん》性肺炎を発症し、幸三さんは担当医から、「ここ二、三日が山場でしょう」と告げられた。

しかし、美智子さんはその後も頑張った。一進一退を繰り返しながらなんとか夏を乗り切り、翌年の一一月後半まで、ベッドの上で生き続けた。享年八七歳。最後は誤嚥性肺炎を再発し、そのまま静かに息を引き取ったという。

2　老人ホームの法的責任

「私は、姉は施設に殺されたと思っています」

　幸三さんは力を込めて言った。

「もし施設スタッフのミスがなければ、姉が骨折することもなかったし、寝たきりになることもありませんでした。今更何を言っても姉が戻ってくるわけではありません。でも施設には、姉の死について、しっかり責任を自覚してほしいんです。今後同じような目に遭う人が出ないよう、施設の責任を追及していきたいんです」

「今回の事故について、施設側はなんと言っているのですか？」

「介護スタッフはいつもどおり問題なく車イスに移乗させたと言っています。落っこちたのは姉が勝手に立とうとしたからだと」

「それはひどいですね。認知症でもなく、しかも元々足腰の悪い方が勝手に立ち上がって落ちるとは考えにくい」

「そのとおりなんです。いつもどおり問題なく移乗させたのなら、なんで姉は車イスから落ちたんだと。そう言ったら施設の人たちも黙っちゃって。でも責任は認めないと。施設の側に過失はないって、その一点張りです」

　施設のスタッフの対応に過失がなかったのか、この点は一つの論点になるだろう。しかし、本件ではもっと難しいポイントがある。

「山本さんのご希望としては、お姉様が亡くなったことに対する損害賠償請求なのですか？」

本件では、施設側の過失を裁判所に認定してもらうこと自体は可能だろう。介護スタッフの過失により、美智子さんは骨折という傷害を負った。しかし、裁判所は「誤嚥性肺炎による死亡」という結果まで、施設側の責任だと認定してくれるだろうか。介護スタッフのミスによって直接発生した結果は、「骨折による受傷」である。美智子さんはかなりの高齢ということもあり、誤嚥性肺炎による死亡まで施設側の責任だとは言えないのではないか。

ホワイトボードに簡単な図を描きながら幸三さんにこれを説明していった。

「でも、主治医の先生ははっきりと断言していました。高齢者が骨折すると、そのまま寝たきりになって死んでしまうことが多いって。『私の経験上も、このような事故は最近増えている』と説明してくれていました」

「その医師に、骨折と死亡の因果関係について意見書を書いてもらうことはできそうですか？」

「はい、それは大丈夫です。主治医と面談したときにも、骨折から寝たきりになって、その後に誤嚥性肺炎を発症するという流れや、こうなった場合、回復は難しいということについても、絵を描きながら説明してくれました」

「主治医の意見書があれば可能性はありますね。それでは、私ももう少し資料を検討させていただいてから、方針を改めて打ち合わせましょう」

幸三さんが事前に取り寄せていた病院のカルテや施設の介護記録などを預かり、その日はいったん終了となった。

3 方針の決定と訴訟の提起

法律というのは杓子《しゃくし》定規でなんでもかんでも明確に決まっていると思われがちだが、実際はそうでもない（もちろん例外もある）。多くの法律では、「条文解釈」という作業が必要になる。たとえば、本件で根拠の一つとなる民法七〇九条。

「故意又は過失によって他人の権利又は法律上保護される利益を侵害した者は、これによって生じた損害を賠償する責任を負う。」

これだけである。介護スタッフにどのようなミスがあればここでいう「過失」にあたるのか、「これによって生じた損害」とはどの範囲の損害をいうのか、民法をめくってもそんなことはどこにも書いてない。だからこそ法律家という職業があるわけだが、一人の弁護士が「なんとなくこう解釈すべきだと思う」と言ったところで、裁判所で認められなければ話にならない。

裁判所にどう認定されるのかを予測するためには、過去に裁判所がどのような判決を下したのかを調べる必要がある。現在では判例データベースというありがたいクラウドサービスがあるので、関連しそうなキーワードを入力して片っ端から判例を調べていく。あわせて介護事故に関する書籍を調査していくと、見つかった。

東京地方裁判所平成一五年三月二〇日付判決（判例時報一八四〇号二〇ページ掲載）。中等度の認知症の高齢者が、送迎バスを降りた直後に転倒して大腿部頸部を骨折し、その後に肺炎を発症して、骨折から約四か月半後に死亡した事件。東京地方裁判所は、送迎バスを運営していた医院に対し、死亡の結果についてまで債務不履行に基づく損害賠償責任を認めた（ただし、六割の過失相殺。賠償金額は六八六万円余）。

本件がこの事案と大筋において違いがなければ、東京地裁はこの事案と同様、誤嚥性肺炎による死亡という結果についてまで施設の責任を認める可能性が高い。

依頼者から預かった病院のカルテや施設の介護記録などを精査したところ、介護スタッフの過失や美智子さんの事故前後の身体機能の変化については立証できる見通しが立った。しかし、骨折と死亡との間の因果関係については、現在の手元資料では東京地裁の前記事案ほど明確には立証できない。現時点では死の結果まで施設側に責任を負わせる判決を得るのはかなり厳しいという印象であった。

二回目の打ち合わせでは、これまでの検討結果を率直に伝えた。関連判例や条文解釈、裁判所の傾向などを説明したうえで、幸三さんの意向を伺った。

「やはり私としては、施設側にどうしても姉を死なせたことを認めさせて、謝罪と再発防止を求めたいと思っています。主治医の意見書があっても難しいでしょうか?」

「意見書の内容にもよります。私は医師ではないので、現段階でどの程度踏み込んだ内容の意見書が書けるのか、正確なことは言えません。もしその意見書だけで骨折と死亡の因果関係を認定できるのであればよいのですが」

「主治医とはもう一度会ってみます。それで、可能であれば弁護士さんとも会ってほしいと伝えておきます」

「施設側に責任を認めさせる方法として、判決で勝訴を目指す以外に、和解により実質的に施設に責任を認めさせる、というものもあります」

「といいますと?」

「本件のような介護事故は、訴訟前半での主張立証次第では、施設側も和解に傾く可能性が高いと思います。つまり、初期の段階で施設側に『このまま判決まで行ったら負けるかも』と思わせることができれば、その段階で厳密な意味での立証が成功していなくても、施設側が折れる可能性があります」

「施設側が譲歩することはあり得るのでしょうか?」

「施設側も、敗訴判決を受けてマスコミに報道されでもしたら、それこそたまったもんじゃないですからね。リスクを避けるために、途中で和解に応じる可能性は十分あると思います」

訴訟を提起した後の一般的な流れや期間、訴訟に係る費用などを説明したうえで、依頼者との間で方針を確定した。本件では、死亡という結果まで含めて損害賠償を請求すること、訴訟の途中で話し合いの機運が生まれたら、和解により落としどころを探るということで、受任することになった。

そして裁判が始まった

通常、訴状を裁判所に提出してから二、三週間くらいで、原告側の代理人弁護士に担当書記官から電話がくる。訴状に特段問題がなければ、一か月くらい先に第一回の訴訟期日が指定される。この第一回期日には、通常、被告は簡単な答弁書を一枚提出するだけなので、被告側の詳細な反論が提出されるのは、第二回目の訴訟期日に持ち越される。

この被告側からの主張書面をもとに幸三さんと再度打ち合わせ、記載された事項の事実関係を整理した。施設の概要や入所の経緯、部屋の情報などに間違いはなかったものの、施設スタッフの介護状況や美智子さんの心身の状況は、事実と全然違うことがわかった。こうした整理を通して、どこが争点かを絞り込むことになる。

原告側からは、事前に依頼者から預かっていた証拠資料に加え、様々な追加資料を提出していった。関連する裁判例の指摘はもちろんのこと、弁護士会館の図書館からコピーしてきた医学論文や学会報告など、高齢者の骨折と誤嚥性肺炎との統計的なつながりを示す資料をこれでもかというくらい裁判所に提出した。

裁判開始当初、「さすがに骨折と肺炎による死亡は関連性ないんじゃないの？」という顔をしていた裁判官も、途中からは真摯に原告の主張に耳を傾けるようになっていた。そしてそれは被告側も同じだった。当初は強気に出ていた被告側弁護士も、途中からはだんだん低姿勢になってきていた。

なかなかいい流れになってきたな、と思っていたのも束の間、ここで新たな問題が発生した。意見書を書くことを約束してくれていた主治医が、仕事を引退してしまったというのである。

「引退したとはいえ、連絡を取ることはできないのですか?」

「勤めていた病院に事情を説明して、その医師となんとか連絡を取りたいと伝えているのですが、病院側が医師の連絡先を教えてくれないんです。どうやらその病院は、被告の施設と関係が深いところだったようです」

当初期待していた内容の意見書を医師が書いてくれないということは珍しいことではないが、まったく連絡が取れないというのは少し困る。

「先生、どうしましょう?」

ここまでの訴訟活動で、私たち原告側はかなりの程度立証に成功している、と思っていた。少なくとも、施設側のスタッフの対応に過失があったことや、骨折と手術により被害者の体力が著しく減退したこと、その後に寝たきりとなり最終的に誤嚥性肺炎を発症して死亡したことなど、核となるポイントは証拠により立証している。また一般論として、高齢者が骨折により寝たきりになり、その後に誤嚥性肺炎を発症して死に至ることが統計学上も有意に認められるという点も、裁判所は認めているようだ。

しかし、最後のワンピース、「本件の被害者も、骨折により誤嚥性肺炎を発症して死亡した」という因果関係についての医学的な裏付けがまだなされていない。訴訟提起のときからの課題が、まだ解決していないのだ。

このまま判決に至れば、傷害結果（骨折）の責任は認められるだろうが、死亡までの責任は認められない可能性が高い。その見立てを幸三さんに伝えたうえで、改めて今後の方針を話し合った。

「最悪なのは、主治医が被告側の味方になって、因果関係を否定する意見書を提出してくることです。我々が他の医師に依頼して意見書を提出したら、被告側も対応せざるを得なくなる。その結果、被告がその主治医とコンタクトをとって、意見書を提出してくる可能性が高まります」

「やはり、主治医の意見書のほうが有利なのでしょうか？」

「実際に患者の容態を見ていた主治医の意見書のほうが、後で記録だけをもとに別の医師が書いた意見書よりも説得力が高いことが多いです」

「ここまでは私たちのほうが有利に攻めていたように感じていたんですけど、攻守交代ですか？」

「いや、和解の話が出るまでは、攻めの姿勢を続けるべきです。今の時点でできることとして、裁判所に鑑定を要請する、という方法が考えられます。つまり、裁判所に、公平な第三者的立場から鑑定を依頼するんです。この方法だと、どのような結論を下すのかが事前に予測できないため、一種の賭けにならざるを得ませんが」

次回の期日も迫っていたため、この日は鑑定を申し立てるかどうかの結論は出さず、次回期日の様子を見てから再度打ち合わせをすることになった。

4　最終的な解決に向けて

次の週の月曜日、今後の進め方について、裁判官と原告・被告双方の代理人出席のもとで協議が行われた。裁判官は私に、今後の立証方針を尋ねた。

「原告としては大部分についてすでに立証十分と考えている。今後は裁判所に対し、鑑定の申立てをすることも含めて検討している」

「まだちょっと立証足りてないかも」という内心はおくびにも出さず、「裁判官は当然、原告勝訴の判決くれるよね」という顔で協議に臨んだ。すると、裁判官から意外な言葉が出てきた。

「それでは鑑定の手続きに入る前に、この段階で一度、当事者双方で話し合いによる解決が目指せないかどうか、検討したいと思います」

回りくどい言い方だが、要するに「和解協議しましょう」という提案だ。まさに願ってもないタイミングでの和解協議だ。被告側代理人弁護士がいったん退室し、裁判官と私とで、和解に関する率直な意見交換を行った。

「これまで裁判において主張してきたとおり、原告としては、美智子さんの死亡は施設スタッフの過失に起因するものだと考えています。そのため、和解金額は被害者の死亡を前提として考えざるを得ません」

日本の裁判実務では、損害額の認定については過去の裁判事例をもとにある程度定型的に算出される。本件の場合、介護スタッフのミスにより骨折したというだけだと、慰謝料や逸失利益などを合わせてもせいぜい一〇〇万円前後の賠償金額となる。これに対し、被害者が死亡したことまで施設側の責任ということになれば、賠償金額はその五倍から一〇倍まで跳ね上がる。

「本件では被害者の方がかなり高齢ですし、収入も国民年金しかありません。裁判所としては、仮に原告の主張どおり認められたとしても、賠償額はそれほど高額にはならないと考えています。被告側はそもそも死亡までの責任は負わないとして争っているわけですから、現段階で和解するとしたら、間をとって三〇〇万円くらいが妥当なのではないでしょうか」

確かに三〇〇万円という金額は、傷害結果までしか責任を負わない場合に比べれば高い金額ということになる。しかし、その金額で幸三さんが納得するとは思えない。

「それでは少なすぎます。最低でも五〇〇万円以上でないと、原告が和解に応じることはあり得ません」

「五〇〇万円ですか。この後被告側にも意向を伺ってみますが、その金額だと難しいかもしれません」

本件の拠《よ》り所の一つとしている東京地裁平成一五年三月二〇日付判決でも、認定された賠償額は六八〇万円程度に過ぎない。本件の場合、この事案の被害者よりも高齢で、かつ収入が少ない。そのため、五〇〇万円の和解金となれば、実質的には勝訴判決とほとんど変わらない。さすがにその金額では被告は応じないだろうと裁判官が思ったとしても、あながち不合理ではない。

裁判官から原告・被告双方の弁護士に対して、和解条件について当事者と検討するよう指示がなされ、この日は終了した。

翌週、前回の裁判所でのやり取りを踏まえて、幸三さんと再度打ち合わせの機会を持った。裁判官からの示唆や賠償額の認定に関する裁判実務の動向など、関連する情報を説明したうえで、和解条件について話し合った。

幸三さんは、「もし被告が謝罪をして、具体的な再発防止策を講じるのであれば、五〇〇万円の解決金で和解に応じる」とのことだった。もちろん被告側が五〇〇万円という金額に応じるかどうかは、その時点ではまだわからない。とはいえ私としては、被告側は和解に応じるのではないかという感触を持っていた。

というのも、被告はかなり大規模な介護施設を保有しており、五〇〇万円という金額は被告にとっては大金とまでは言えない。しかも、これまでの訴訟の経緯もあり、被告側は敗訴判決が出る可能性を十分考慮に入れている。敗訴すれば、施設の大幅なイメージダウンは避けられない。和解協議が始まったタイミングとしても申し分ない。

5　裁判の終結

次の裁判期日では、最初に被告側代理人のみが協議室に呼ばれた。まずは被告側の検討結果を裁判官が確認するためだ。その後、被告代理人弁護士と交替で、私が協議室に入った。

「被告側は、五〇〇〇万円の解決金による和解を受け入れるとのことでした。原告ご本人のご意見はいかがでしたか?」

「まず原告としては、被告による謝罪と、具体的な再発防止策を盛り込むことに一番こだわっています。もし被告がこのような条件に応じるのであれば、和解金は六〇〇〇万円であれば応じる予定です」

せっかくなので最後にもう一声ということで、一〇〇〇万円乗せてみた。

「わかりました。被告側に確認してみます」

そう言うと裁判官は、再度被告側代理人と交替するよう指示をした。少しして、再度私も協議室に呼ばれた。

「被告側に確認したところ、原告のご提案を受け入れるとのことでした。それでは、具体的な再発防止策の協議に移りたいと思います」

こうして本件は、和解により決着がついた。原告が勝訴していたら得られたであろう判決よりも、さらに有利な和解であった。

被告は介護スタッフの過失により本件事故が起きたことを厳粛に受け止め、原告に対して衷心より謝罪するものとされた。また、具体的な再発防止策を設け、二度とこのような事故が起きないよう万全の体制で臨むことを確約した。解決金は被告が原告に六〇〇万円を支払うこととされ、和解成立後二週間程度で実際に幸三さんの口座に送金された。

今後、この施設が和解条項で定められた再発防止策をしっかりと実行に移し、より良い施設に生まれ変わっていることを願わずにはいられない。

③ ある事業承継ものがたり

村方善幸

弁護士が描かれる小説やドラマでは、裁判や法廷における逆転劇など華々しい事件がよく取り上げられている。読者や視聴者にとっては理解しやすいし、単純に面白いから当然だと思う。

ただ、事前に法的リスクを想定し、事件発生やトラブルを未然に防ぐことも弁護士に期待される重要な役割の一つである。契約書の作成・確認や新規事業立ち上げにおけるビジネスモデルの法律相談などはその最たるものと言える。実際、弁護士の仕事は事件処理だけではない。ほとんどの弁護士は法廷で過ごす時間よりも、事務所で書類と向き合ったり、法律の調査をしたり、顧客との打ち合わせといった地味な作業に費やす時間のほうが格段に多い。

ここではそうしたリスクを未然に防ぐ業務について紹介したい。事業の承継である。

1　研究者肌の中小機械メーカー社長との出会い

私の顧問先に設立二七年の機械メーカーがある。A社と言おう。従業員は約三〇名、売り上げは約一〇億。黒字と赤字を行ったり来たりする、ごく一般的な中小企業である。ただ、特徴的なのは研究開発である。オーナー社長が研究者肌のこだわりが強い方で、資金に余剰ができるとそのほとんどの資金を研究開発費に投じていた。とはいえ、研究開発とは簡単に成果が出ないものだ。実を結ぶことはあまりないどころか無駄に終わる研究開発がほとんどで、会社の実態としては大幅な実質債務超過であり常に資金繰りに苦しんでいた。

ところが、五年前の二〇一四年六月頃から潮目が変わった。A社の技術が、医療機械に応用できることが判明したのである。A社の技術を使うと、同じ性能を持つ医療機械を安価に生産できる可能性が生じたのである。

報道したのは発行部数の決して大きくない業界紙であったが、この事実が報道されるとA社の周辺は一気に騒がしくなった。莫大《ばくだい》な利益の可能性をかぎつけ、独占契約を締結しようとする者、資金的な裏付けもなく会社ごと買収しようとする者、おいしい話や有力企業の名前を出してなんとか関係を持とうとする怪しいブローカーなど、正に魑魅魍魎《ちみもうりょう》が跋扈《ばっこ》した。

研究者肌の社長が対応に苦慮していた当時、知人を通して私が弁護士として紹介された。私はそのときの相談をきっかけに社長の信頼を得て顧問となったのだが、結局、社長は第三者からの技術提供や買収、資金提供の申し入れにすら頑として応じず、地道に自ら研究を進める道を選んだ。すでに開発済みの技術とはいえ、医療機器に応用するにはさらなる検証や改良が必要だったからである。

一年もすると短期的に利益に結び付かないと理解したブローカーたちや、頑固な社長の対応に業を煮やした人間たちは去り、騒動は落ち着いた。が、社長は研究を続けた。とはいえ従業員数三〇名の中小企業の研究開発である。ほぼ社長が主担当者であり数名がその補助につくといった体制で、研究は遅々として進まなかった。

しかしそんな中、医療機器メーカーB社の担当者Cはあきらめなかった。技術的に確かな裏付けを持つA社や社長の姿勢に好感を持ったCは、継続的にフォローを続けた。それだけでなく積極的に無償で様々な意見を述べたり、問題のない範囲で医療機器の情報を提供したりするなどして技術開発に協力した。B社はCのこういった作業を事実上黙認していたようである。

そして、社長の技術開発が実を結ぶ。二〇一七年一二月、社長は技術の実用化に成功した。会社関係者を呼ぶ年末の忘年会で社長は、技術の実用化にめどがついたと発表し、二〇一八年は躍進の年にしたいと力強く抱負を述べた。さらに二〇一八年四月五日、A社は一部上場企業からの申し入れを断り、Cを通じて継続的にフォローをしてくれていたB社と業務提携に関する基本合意書を締結した。その内容は、本格的に医療機器の製造にA社の技術を採用する方向で検討するというものであった。

関係者全員がこれからの未来に胸を躍らしていた。

社長から事業承継に関する相談があったのは、そんなときであった。

2　なぜ？　唐突な事業承継の相談

五月一〇日、ゴールデンウィークが明けて溜《た》まっていた業務に忙殺されていた私は、社長から突然電話を受けた。少し不安に思った私は「業務提携について何かありました？」と聞いた。社長は、明るい声で業務提携については問題ないよ、と状況をアップデートしてくれたが、そのあとおもむろに事業承継について相談したい、と言った。私は耳を疑った。社長はまだ五八歳。特に問題がなければまだ一〇年以上元気に働けるはずである。事業承継の話が出るタイミングではない。私は嫌な予感がした。

家族でない他人に「死」に関わる話をするのはなかなか勇気がいるものである。だが、法律とは人生のあらゆる場面に適用されるもので、それは「死」についても例外ではない。弁護士は決して「死」に関する会話から逃れることはできず、聞きづらい質問をすることも弁護士のスキルの一つである。また、仮に健康不安があるとすれば事業承継のスケジュールを立てる際に必須な情報だ。そのため私は「健康問題ですか？」と躊躇《ちゅうちょ》なく踏み込んだ。

ところが、社長の答えは「ＮＯ」。ただ単に、うまくいっているときほど次の準備をしておきたい、ということだった。

弁護士は、クライアントの発言を一〇〇％信じるようなことはしない。常にバッファーを取っておく。ゆえに、私は社長の答えを額面どおりにとらえることはしなかったが、仮に何かあったとしても急を要する事態ではないのだな、と少し安心し、面談の予定を調整した。社長との面談は翌週の五月一八日にセッティングされた。

3　問答を通じて承継の形を整理

企業の事業承継のプランを立てるには様々な事柄を確認する必要がある。まずは事業承継の形式である。親族に承継するのか、親族以外に承継するのか、もしくは会社を売却して事業を発展させるのか。仮に親族に承継させるということになれば、親族関係、誰を後継者にするか、後継者教育と後継者への引き継ぎのタイミング、そして何よりも税金対策。法律のみならず、税務、経営など総合的なサポートが必要になる。

社長は妻に先立たれており、家族は長男と長女だけである。私は社長との会話やA社における地位などから、後継者候補は長男であろうと予測していた。そのため、面談の前に後継者が長男であることを前提に質問事項やスケジュール、想定作業期間の見積もりなど、準備を進めていた。

面談当日事務所を訪れた社長は、事業承継に関する私の説明を聞く前に立て続けに質問を繰り出した。知的好奇心の旺盛《おうせい》な社長で、社長は面談が始まると常に疑問点をぶつけてくる。事業承継とは何なのか、事業承継のメリットとデメリットは何か、社長が長く続けることの弊害は何か、早めに譲るべきかどうか、コンサルタントを雇うべきかどうかなど。ある程度漠然としていた社長が思い描く事業承継の形を、問答を通じ、整理し言語化していった。

明確になった社長の事業承継の形は以下のとおりであった。

後継者は長男。社長が保有する株式も全部長男に譲渡したい。しかし、すぐに全権を渡すことは不安であるため、一〇年くらいをめどに実権を移していき、七〇歳で完全に移管したい。

これを踏まえて次回打ち合わせが五月二九日に設定された。

4　事業承継プランの作成

私は面談が終わった後、すぐに税理士のDに連絡を取った。Dは相続税や未公開株式の評価に強く、事業承継対策をする際に常に協働している税理士である。事業承継プランを確定させるためにはA社株価の評価だけでなく、社長の個人資産の精査、相続税対策、相続における相続人対策など、各種専門家と協働する必要があるのだ。

五月二九日の打ち合わせでは社長にDを紹介するとともに、今後三か月間の毎月の打ち合わせ日程と各打ち合わせまでに達成すべき進捗目標を定めた。具体的には二か月目（七月末）までに財産評価、資産査定、株式評価、相続税見込み額の算定を終了させ、三か月目（八月末）に事業承継プランの提案をする、というスケジュールである。

スケジュールが決まった後は地道な作業である。私はDとともに開示を受けた資料に基づき株式評価や資産査定を行い、株式評価、相続税予定額の算定や財産目録を作成した。社長は稼いだお金をほとんど研究開発に費やしていたようで、主な資産としては、自宅、預貯金、会社への貸付金、そして会社株式だけであった。しかも、相続税の評価手法では会社は実質的に債務超過であったため、株式は〇円と評価することができた。これに社長は喜んだ。会社の株式が〇円であれば、贈与税はかからず、すぐにでも長男に贈与できるからである。

私とDは八月末の打ち合わせに際し三つの事業承継プランを提示したが、社長は株式を即座に長男に贈与することにこだわっていた。これを受けA社の事業承継プランは、概要、以下のとおりとなった。

① 重要な事項について拒否権を付与した黄金株を社長に発行する。ただし、黄金株は相続発生時に会社が取得し、相続財産にならないようにする。
② その後、速やかに普通株式を長男に全部贈与する。
③ 社長と長男の両者が代表取締役となる。
④ 長女には現預金と不動産を相続させる遺言を書き、長男に贈与した株式については遺留分の基礎財産から除く合意をする。

私は、社長が長男への株式の即時贈与にこだわったことに違和感を持ちつつも、速やかにプランを実行に移すべく行動を開始した。

5　社長が入院。事業承継プラン実行へ

事業承継プランが確定したことを受け、九月一〇日、社内では後継者に長男が選任され、代表取締役に就任する予定であることが発表された。同時に九月二八日を開催日とする株主総会の招集がなされた。

A社の株主は一三名であったが、七割の株式を社長が保有していたことから、長男の取締役選任についても、黄金株の発行についても、特段問題もなく承認されることが見込まれた。そのため、株主総会の想定問答をしているときにも社長はリラックスした雰囲気で、珍しく冗談を言うほどであった。

しかし、株主総会に社長が出席することはなかった。社長に末期癌《がん》が見つかり、株主総会の当日に急きょ入院することになったのである。

株主総会の一時間半前にそのことを聞いた私は驚くとともに、議案が否決される可能性を考えた。社長が欠席では定足数が足りないのである。そのため、急きょ委任状を作成し、タクシーで病院に向かった。ベッドに横たわる社長は元気で明るく、申し訳ないね、と繰り返していた。私は元気な様子を見てほっとし、委任状に署名をもらいながら、事業承継を審理する株主総会の当日に入院という奇妙な偶然について皮肉なものを感じるとともに、社長は自分の体の異変について気づいていたのではないか、との思いを強くした。

委任状が間に合ったことで、すべての議案が承認された。

その翌日、社長は株式をすべて長男に贈与し、長女に対し、株式については遺留分算定の基礎財産から外すとする合意書に署名をするよう説明した。

しかし、ここで少し問題が生じた。当初、長男への株式の贈与について同意していた長女が渋り始めたのである。社長が急きょ入院し、相続が現実的な事態になることで、将来有望な会社に対して欲が出始めたのであろう。私を含め何度も話し合い、自宅と現預金を取得できるからということを根気強く説明し、なんとか納得してもらった。

社長はそれから約二か月後の一二月三日に逝去された。葬儀は盛大に行われ、大勢の様々な立場の人が、会社と研究開発に情熱を注いだ社長の死を惜しんだ。社長が後継者を定め事業承継を行っていたおかげでA社の従業員の動揺は最低限に抑えられ、現在もB社と良好な関係を継続し、長男は大きな影響なく事業を発展させることができている。また、相続についても遺言に基づき行われ、なんらトラブルなく手続きが進んだ。

6　事業承継を終えて

私は社長にどうしても聞きたいことがあった。いつから癌に気づいていたのか、ということである。社長の五八歳という年齢、会社がこれから発展していくというタイミング、社長の会社に対する情熱など、いくら思い返しても事業承継の話をするタイミングではなかった。会社を愛し我慢強い社長が、周囲への影響や動揺を抑えるために後継者を発表できる段階まで黙っていただけではないか、と私は推測していたからだ。

しかし、社長は苦笑いをしながら、本当に気づいていなかった、初めてわかったのは入院の前提となる検査をしたときからだ、当初は体調が悪いことも全くなく単に事業承継の番組を見ていてふと思いついて電話をした、としか答えてくれなかった。

私は期待していた回答と異なるその答えに少し消化不良感を抱いた。しかし、弁護士としてはA社の事業承継をスムーズに運び、経営者が変わることに伴う様々なリスクを未然に回避し社長を安心させることができたことに少なからず安堵《あんど》していた。

社長が自らの体調悪化をどの段階で認識したのかは、今となっては誰にもわからない。知っていたのであれば、死に直面した局面で狼狽《ろうばい》することなく経営者として冷静に対応した胆力はさすがである。仮に知らなかったとしても、これから発展するという段階で経営者として様々な事態や可能性に対応しようとしていたその姿勢は称賛されてしかるべきものだと思う。

こういった熱く、しかし冷静な社長がいたということをどこかに残したく、ここに書かせていただいた。A社については今後も社長の技術開発への情熱を受け継ぎ、永続していくことを祈念してやまない。

④ウーバーイーツユニオン結成の意義

川上資人

はじめに

二〇一九年一〇月三日、ウーバーイーツ配達員の労働組合、ウーバーイーツユニオンが発足した。私は、このウーバーイーツユニオンの結成を呼び掛け、設立までをサポートしてきた。ここでは、その背景についてお話ししたいと思う。

ウーバーイーツとは、いわゆる「ライドシェア」を行うウーバーテクノロジーズ社（以下ウーバー社）が手掛けるフードデリバリーサービスである。利用者は、スマートフォンにウーバーイーツのアプリをダウンロードし、画面に表示される登録飲食店の料理を注文することができる。注文が入ると、アプリをオンにしている配達員に配達業務の依頼がなされ、配達員がこれを受けて飲食店に料理を取りに行き、客に料理を配達するというサービスである。

配達員は、働きたいときにだけアプリをオンにして好きなときに働けるというメリットがある一方で、雇用されているわけではなく個人事業主扱いのために、労災保険を含めて一切労働法の保護が及ばないという問題がある。

1　プラットフォームエコノミーの法的課題

ウーバーイーツのサービスは、プラットフォームエコノミーと呼ばれるもので、インターネット上の仲介サイトであるプラットフォームを介して利用者とサービス提供者がマッチングされて取引が行われるものである。ウーバーイーツのようなフードデリバリーサービスから、家事代行サービス、データ入力などのマイクロタスク、ライティングやデザインまで、プラットフォームで取引されるサービスは多岐にわたる。

プラットフォームエコノミーでは、労務提供者が雇用ではなく業務委託で働くため、労働基準法、労災保険法、雇用保険法、最低賃金法などの個別的労働関係法が適用されないため、労務提供者の最低限の労働条件が守られにくいという問題がある。特に、ウーバーイーツのような運送事業においては、交通事故という事業自体に内在する危険が、業務の委託を受けた配達員のみに負わされることが社会における コストの公正な分配という観点から妥当なのかという問いが生じる。労災保険制度の趣旨は、企業が労働力を利用して利益を上げているならば、労働力を提供する過程で労働者が被る危険について企業がそのコストを負担すべきという点にある。そうだとすれば、ウーバーイーツというフードデリバリーサービスのために登録配達員を募り、アプリで配達員に配送業務を委託して配送を行わせ、ウーバー社がこれによって利益を上げているならば、配達員が被る配送中の事故の危険についてウーバー社が負担すべきと言えるのではないかと思われる。しかし、現行の労働法の下では、実務上個人事業主は労災保険法の適用対象者とされず、配達業務に内在する事故の危険の負担はすべて配達員が負わされる形となっている。このように、ウーバーイーツ配達員をはじめとするプラットフォームワーカーは、業務委託の形で労務提供を行うため、個人事業主として労働法が適用されず、一切の労働法の保護を受けられないという地位に置かれている。

また、配達員の事故の補償について、ウーバー社は、配達員が加害者となった場合の被害者に対する対人・対物について補償を提供していたが、配達員自身については一切保障を行っていなかった。

このような状況を受けて、会社に対して配達員自身を保険の対象とすることを求め、さらには配達員を労災保険の対象とすることを国に求めることを目的として発足したのがウーバーイーツユニオンである。

2　きっかけ

(1)　「ライドシェア」問題との関わり

私は、二〇一六年一月より弁護士として勤務を開始したが、当初勤務していた法律事務所が多数のタクシー会社の労働組合の顧問をしていたことから、私の初仕事はそれらの労働組合の年始行事である

「旗開き」に出席することであった。どの旗開きでも、「ライドシェア反対！」「ウーバー絶対阻止！」と声高に叫ばれていた。弁護士になりたての私は、「ライドシェア」「ウーバー」と言われてもなんのことかさっぱりわからず、なぜみんながこれに反対しているのだろうと疑問であった。

調べてみると、「ライドシェア」とは自家用車で客を運ぶことを意味し、「ウーバー」とはスマートフォンのアプリのことで、運転手と利用客をマッチングするものだということがわかった。私は、このアプリがあれば運転手はタクシー会社に所属することなく自分で客を取ることができ、売上げを会社に納めることなくすべて自分のものにすることができるのだから、反対する理由はないのではないかと思った。また、カタカナで「ライドシェア」「ウーバー」と検索しても、これは新しい技術を活用した「シェアリングエコノミー」であり、環境に優しく生活を便利にする、などの記事しか当時は出てこなかった。

しかし、現場で働くタクシー運転手が反対しているのだから、やはり何か理由があるのだろうと考え、「ライドシェア」を広く導入している欧米の記事を検索してみることにした。英語で「rideshare」「uber」などと入れて検索してみたところ、日本語の記事とは様相が一変した。ウーバーが取る手数料が一方的に突然引き上げられた、アカウントが突然停止されて働けなくなった、事故に遭っても労災が出ない、失業保険がないなどの労働問題から、運転手による性的暴行などの安全性の問題まで、「ライドシェア」というビジネスモデルにまつわる問題が多数報道されていた。

確かに、「ライドシェア」の下では運転手は個人事業主とされ、会社に指図されない自由な働き方ができるように見える。しかし、実際は、運転手はプラットフォームであるウーバーアプリの運転手評価機能によって行動を統制され、ウーバーに二五％から四〇％の手数料を徴収されて経済的にも従属させられていると報告されていた。そして、プラットフォームであるウーバーと運転手の間に雇用関係がないために一切の労働法の保護が及ばず、運転手が一方的に事故などのリスクを負わされていると指摘されていた。

しかし、二〇一六年当時の国内の報道では、タクシー労働組合の「ライドシェア反対！」という主張は、時代の変化について行けない古い人たちが、既得権益を守るために新しい技術に反対しているだけ、という描き方しかされていなかった。私は、このような報道はあまりに一方的と考え、ライドシェアに内在する労働問題について議論を喚起するために、学者、弁護士、その他のNGOなどと協力して「交通の安全と労働を考える市民会議」という団体を設立した。この市民会議を通して多数のシンポジウムを開催し、ニューヨークからウーバードライバーを招聘《しょうへい》して、その労働実態について現場の声を伝えてもらうなどした。このような活動の甲斐《かい》もあってか、二〇一七年頃からはこのようなインターネット上のプラットフォームから仕事を請け負う働き方を、「シェアリングエコノミー」ではなく、「ギグエコノミー」と呼ぶ報道が次第に増えていった。

(2)　ウーバーイーツ

市民会議が活動を開始した二〇一六年当時、ウーバー社は、日本では道路運送法七八条が自家用車を有償で旅客運送の用に供してはならないと定めているため、本業の「ライドシェア」を行えずにいた。そこで、ウーバー社がウーバーアプリを使って二〇一六年九月二九日に始めたのが、フードデリバリーサービスのウーバーイーツであった。

日本でもウーバーイーツが開始されると聞き、配達員に欧米の「ライドシェア」と同様の労働問題が発生するのではないかと考え、私は彼らと交流を始めた。二〇一七年一月には一〇名ほどの配達員の方と新年会を開いて意見交換を行った。当時は、サービス開始直後ということもあり、報酬水準も高度に保たれていたため、彼らは口々にウーバーイーツを賞賛し、労働環境改善のための機運は皆無であった。しかし、海外では、サービス開始直後は報酬を高く設定して配達員を呼び込み、十分な配達員を確保できた段階で労働条件を切り下げることが広く行われていたことから、日本でもそのようなことが行われるのは時間の問題と思われた。

それから二年ほどたった二〇一九年四月頃、ツイッター上に、実際の配達距離より短い距離で報酬計算をされたという配達員たちの書き込みが目立ち始めた。中には、三キロの配達をしたところ、約一・七キロ分の報酬しか支払われず、ウーバーイーツのサポートセンターに問い合わせたが、報酬の支払いに問題はないとの回答しか得られなかったというツイートもあった。この問題は、「距離・報酬ちょろまかし問題」として多くの配達員がツイッターでつぶやき、問題が共有されるに至っていた。

私は、このような状況を見かねて、五月四日、ツイッターに、「最近のウーバーイーツ配達員の皆さんの投稿を拝見していると、多くの問題が発生しているようです。労働組合は二人いれば作れます。労働組合なら団体交渉により会社と対等の交渉が行えます。興味のある方はご連絡下さい。相談料はいりません。」という投稿を行った。そして、五月一一日に初めての相談会を行った。当日の参加者は、以前から協力してくれていた配達員のほかに、京都からスカイプで一名の配達員が参加し、二名のみであった。その後、もう一度小規模の相談会を行い、六月一二日に「第一回ウーバーイーツユニオン準備会」を開催した。このときの参加者は約三〇名を数え、当日のＮＨＫの七時のニュース及びテレビ東京系列の二三時のワールドビジネスサテライトで報道され、翌日の朝日新聞にも掲載された。その後、約一〇名の配達員の方と二回の準備会運営会議を開き、八月一日に「第二回ウーバーイーツユニオン準備会」を、九月五日に第三回を開いた。そして、一〇月三日に設立総会が開催され、一八名の組合員とともにウーバーイーツユニオンが発足した。

3　ユニオンメンバーの思い

ウーバーイーツユニオンの結成メンバーとなった一八名は、どのような思いでこのユニオンに参加したのか。一番の思いは、配達員が皆リスクを負って現場の配送を担っているのに、その配達員自身になんら保障がないという点だろう。結成メンバーのうち三名の方は自身も事故の被害に遭い、会社からなんの補償も受けられていない。彼らはユニオンをつくることで会社から保障を勝ち取り、将来的には国に労災給付も求めていきたいと考えている。

また、彼らの強い思いとして、配達員はウーバーイーツの配達員として仕事をしているにもかかわらず、会社と全く対話の窓口がないことをおかしいと感じている点があげられる。現場で問題が起きてもそれを会社と共有できない。個人で会社のサポートセンターに電話やメールをすることはできても、会社にまともに取り合ってもらえない。このような状況を改善するために、ユニオンをつくることで会社と対話の窓口を設け、現場の問題を共有して労働環境を改善したいと考えているのである。

ウーバーイーツユニオンに参加した配達員に共通していることは、自分だけでなく、このような働き方によって生じる不利益を被る仲間を見過ごすことはできない、という思いである。彼らは、自分と同じように事故の危険と隣り合わせで働く仲間のためにも、このユニオンに集まったのである。さらに言えば、彼らはウーバーイーツで働く配達員の労働環境だけではなく、プラットフォームで働く働き手全体のために集まったのである。彼らのユニオン設立趣意は、その思いを次のように述べている。

「私たち、ウーバーイーツユニオンは、ウーバーイーツで働く配達員の労働環境が少しでもよくなるよう結成された労働組合です。

現在、ウーバーイーツ配達員には労働法が適用されず、事故にあっても労災がないなど、その働き方の保護についてなんら整備されていません。このような問題は、ウーバーイーツだけの問題ではなく、インターネット上のプラットフォームから仕事を受けて働く働き方すべてに当てはまる問題です。私たちウーバーイーツユニオンは、ウーバーイーツの労働環境の改善を通して、すべてのプラットフォームワーカーが安心して働ける制度の整備を目指します。

確かに、プラットフォームから仕事を受けて働く働き方は、自由度の高い働き方を可能にしてくれました。しかし、自由な働き方と、安心・安全に働くことは相反するものではなく、両立可能なものです。今後、プラットフォームで仕事を得る働き方がもっと増えていくだろうと思います。だからこそ、そこで働く私たちがもっと安全に、安心して働けるよう、労働条件の改善や、法制度の整備が必要と考えています。そのために、私たちはウーバーイーツユニオンの活動を通して労働条件の改善につなげたいと考えています。」

4　これから

ウーバーイーツユニオンは、まさに発足したばかりである。どのような活動を行い、成果を上げていくことができるのか、これからが問題である。

ウーバー社は、ウーバーイーツユニオンの発足が予定されていた二〇一九年一〇月三日の直前である九月三〇日に、一〇月一日から配達員自身が保険の対象に含まれることを発表した。このような会社の対応は、ユニオン結成の動きと無縁とは言えないものと思われる。

プラットフォームと呼ばれるインターネット上の仲介サイトを通して仕事を受け、個人事業主として働く働き方が増える中、労働法の保護からこぼれ落ちる働き手の労働環境の改善をいかにして実現するのか。ウーバーイーツユニオンは、そのような問題意識のもとに集まった仲間たちで結成された。私も弁護士として少しでも彼らの役に立てればと思う。

＊

【追記】 ウーバーイーツユニオンは、結成直後、会社に対して団体交渉の申入れを行っていたが、二〇一九年一〇月一八日、団交拒否の回答があった。現在、ユニオンは東京都労働委員会に団交応諾命令を求める不当労働行為救済申立てを行っている。

⑤ 情報公開法改正法案の起案に携わって

森山裕紀子

1　行政透明化検討チーム

平成二一（二〇〇九）年に民主党政権が成立したとき、私は一国民として、政権交代は本当に起きるのか、などと少しの驚きを持ってテレビを見ていた。

鳩山政権は、行政刷新担当大臣を座長とする「行政透明化検討チーム」を立ち上げ、平成二二（二〇一〇）年四月～八月にかけて、行政の透明性のあり方を検討した。同チームでは、「行政機関の保有する情報の公開に関する法律」（以下「情報公開法」という）の改正に関する議論がなされ、その結果は、「行政透明化検討チームとりまとめ（平成二二年八月二四日）」として公表された。

2　情報公開法の一〇年の節目

情報公開法は、その名のとおり、行政機関が保有する情報を公開する法律である。その昔、情報公開法がなかった時代、行政機関の情報を公開するか否かは、行政の判断に依拠していた。ベトナム秘密文書報道、外務省秘密伝聞漏えい事件、ロッキード事件、ダグラス・グラマン事件など、様々な事案を経て、行政機関の保有する情報が、開示されなければならないのではないかとの議論が出てきた。

アメリカでは、情報自由法（Freedom of Information Act：通称FOIA）が、一九六〇年代にすでにあったが、日本にはそのような法律はなかった。日本で最初に情報公開条例を制定したのは、山形県金山《かねやま》町で、昭和五七（一九八二）年であった。国の情報公開法は、平成一一（一九九九）年に成立し、平成一三（二〇〇一）年四月一日に施行された。

成立してから十数年。情報公開法は政権の交代とともに、積み重ねられた問題点を解決していく動きとなった。

3　情報公開法改正準備室

「弁護士CASE FILE」で私がこのことを取り上げるのは、情報公開法の改正が、私にとってまさに「事件（Case）」であったからだ。

行政透明化検討チームで取りまとめられた案は、その後、実際の立案作業を必要とする。具体的には、内閣官房の中に情報公開法改正準備室が設置された、民主党政権では民間・専門家からの任期付公務員の募集をしていたことから、私はその室の参事官補佐として、執務することとなった。

4　法律は誰が発案するのか

憲法第四一条には「国会は、国権の最高機関であつて、国の唯一の立法機関である。」との規定がある。法学部の出身者にとっては、いろはの条文だ。だが実は、議員が発案して提出する法律案は、通称「議員立法」と呼ばれており、比較的数が少ない。

憲法には、もう一つの立法に関する条文がある。憲法第七二条「内閣総理大臣は、内閣を代表して議案を国会に提出し、一般国務及び外交関係について国会に報告し、並びに行政各部を指揮監督する。」という規定である。この規定に基づき、内閣の法律発案権が、内閣法第五条に明白に規定されている。こうした法案は内閣が提出することから、俗に「閣法」と呼ばれている。

この閣法の条文を作成していくことに専念する部屋が、法案準備室、通称「タコ部屋」である。平成二二年一〇月八日、内閣府に情報公開法改正法案準備室が設置され、第一七七回国会に向けて、立案作業を行っていくこととなった（この準備室は、同年一二月二八日、内閣官房に設置された情報公開法改正準備室となる）。

簡潔に言うと、行政透明化検討チームの「とりまとめ」に基づき、準備室が条文の素案を作成・議論し、条文案を起案する。起案した法案は内閣法制局の審査を受け、閣議決定されるという流れである。

5　内閣法制局

内閣法制局は、閣法のすべてについて、憲法や現行法制との関係、立法内容の妥当性、条文表現及び配列等の構成、用字・用語についての誤りなどを確認していく。

この内閣法制局審査が、一つ目の山である。情報公開法改正法案の改正部分は、約二〇条強であったが、一一月から二月上旬までがこの法制局審査に使われた。法制局の参事官は、準備室が作成した条文案と解説を読み、様々な質問を問いかける。事前に解説書に記載してきたものは、その場で回答することができる。しかし、予測していなかった質問などがされると、その質問に対する回答書を作成し、再度法制局審査を受けることになる。

内閣法制局の審査は時間予約制というものではなく、順番制のようであった。そのためなのか、審査を受けられるのが終電を過ぎてからということも多々あった。真冬の真夜中、内閣法制局がある合同庁舎4号館まで、重い審査資料を抱えて早歩きし、やっと法制局の審査担当の参事官に会えると、先方の目はもうすっかり充血して鬼の形相ということもよくあった。

記録によると、私たちが内閣法制局審査に行った回数は、各省協議までの間だけで五〇回を超えていた。このような法制局審査を受け、次の段階に進む。

6　各省説明会／各省協議／閣議請議

二つ目の山は、各省協議というものだった。内閣法制局審査がひと段落した平成二三年二月頃、まず各省に対して法案を説明する会を開き、説明を行った。その後が各省との協議であった。

法律の多くは新たに国民間のルールが変わったり、規制が加わったりする。そのため様々な省が代表する利害関係などの調整が必要になる。情報公開法は、「行政機関の保有する」情報の公開に関する法律なので、利害関係の調整は必要ないのではないかとも思われたが、この法律の改正で各省庁が日頃行っている情報公開対応が変わり、裁判手続きも変わることから、大変な各省協議となった。

各省協議の前、準備室では問答集がつくられる。条文作成担当者が、作成過程に迷い、考えてきたことや、法制局審査で聞かれたことなどをまとめ、様々な質問出しをして、それに対する回答をつくり、課長がすべての回答に赤を入れていく。Q&A集が完成すると、各省協議へとなだれ込む。

各省協議は、まず、「各省に○○という法律案を出しますので、もしご意見がある方は、○月○日○時までにご意見・ご質問をください」という通知を出すところから始まる。当該通知を出してから、締め切り時間まで、準備室は少し静かな時間を迎えることができる。通知した締め切り時間前になると、各省庁から質問や意見が送られてくる。その一つひとつに、すでに準備した問答集から回答を探し、新たな質問にはその場で回答を作成する作業を行う。

一回目の質問締め切り時間は午後五時であった。非予算法案は予算法案よりも後に閣議請議をするが（本法案は非予算法案）、少なくとも三月一五日の閣議決定に間に合わせなければならない。そのため翌日に回答を作成するというような悠長さはなく、締め切り時間から夜を徹しての回答作業となった（私はこの時初めて、タクシー券は始発の電車が動くと使えないと知ったのであるが、そのような時間までかかる作業が続くこともあった）。

回答を作成すると、「再度のご意見がある場合には○月○日○時までにお願いします」との通知とともに回答を先方に送る。協議の間、夜を徹する作業が続いた。

各省協議の結果や、大臣折衝の結果、条文が変更されることもある。新たな条文案は、再度法制局にお伺いをたて、審査を受けた後、再度の各省協議（再協議）が行われ、決着していく。

このような過程を経て、やっと主務大臣が閣議を求めていくプロセスに入れる。閣議請議とは、内閣法四条三項の規定「各大臣は、案件の如何を問わず、内閣総理大臣に提出して、閣議を求めることができる」に基づき、各主任の大臣が内閣総理大臣に閣議を求める手続きのことである。閣議請議をする紙の表紙に、当室の各職員、室長、大臣、官房長官、内閣総理大臣が押印していく。閣議請議がされた日付は、三月一一日であった。

7　改正法案の概要

改正法案は、情報公開法が「国民の知る権利」を保障する観点から定められたものであることを明示し（一条）、より多く、より簡易に、より早く、より明確に、より確実に情報公開をできるようにとのものであった。
その概要は次のとおりである。
・開示情報の拡大(注)
・一件三〇〇円の公開手数料は、商業目的の大量請求などを除き、原則無料とする。
・請求から公開・非公開を決定するまでの期限を現行の三〇日から一四日に短縮する。
・行政機関が非公開とした文書に、首相が公開を「勧告」する新制度を導入する。
・情報公開訴訟の提訴先を、高裁所在地の地方裁判所八か所から、全都道府県地方裁判所で提訴できるようにする。
・情報公開訴訟において、裁判官が当該行政文書の証拠調べを行える、インカメラ審理を導入する。

(注)　具体的には、情報公開法五条二号ロが、不開示情報として、法人等に関する情報のうち「行政機関の要請を受けて、公にしないとの条件で任意に提供されたものであって、法人等又は個人における通例として公にしないこととされているものその他の当該条件を付することが当該情報の性質、当時の状況等に照らして合理的であると認められるもの」を規定していることについては、従来から、行政機関と法人等の合意による情報隠しが懸念されていたことなどから、改正法案では二号ロを削除した。
また、情報公開法五条三号が、不開示情報として、国や地方の行政機関等の「内部又は相互間における審議、検討又は協議に関する情報であって、公にすることにより、率直な意見の交換若しくは意思決

定の中立性が不当に損なわれるおそれ、不当に国民の間に混乱を生じさせるおそれ又は特定の者に不当に利益を与え若しくは不利益を及ぼすおそれがあるもの」を規定していることについては、ある情報を出すことで不当に国民の間に混乱を及ぼすということを政府が判断する必要はないとの考えから、改正法案では傍点部分の規定を削除した。

これらの改正案の中でも、インカメラ審理の導入は大変重要なものであった。最終的に閣議決定されたこの審理の規定は**資料**のとおりである。

情報公開訴訟で一番難しいところは、被告側は当該行政文書を保有し、その全部を見ることができるが、裁判所も原告も、黒塗りされた行政文書しか見られないところにある。

〈資料〉 インカメラ審理導入に関する規定（閣議決定）

（口頭弁論の期日外における行政文書の証拠調べ）
第二十四条
　情報公開訴訟においては、裁判所は、事案の内容、審理の状況、前条に規定する資料の提出の有無、当該資料の記載内容その他の事情を考慮し、特に必要があると認めるときは、申立てにより、当事者の同意を得て、口頭弁論の期日外において、当事者を立ち会わせないで、当該情報公開訴訟に係る行政文書を目的とする文書（民事訴訟法（平成八年法律第百九号）第二百三十一条に規定する物件を含む。）の証拠調べ又は検証（以下この条において「弁論期日外証拠調べ」という。）をすることができる。
2　前項の申立てがあったときは、被告は、当該行政文書を裁判所に提出し、又は提示することにより、国の防衛若しくは外交上の利益又は公共の安全と秩序の維持に重大な支障を及ぼす場合その他の国の重大な利益を害する場合を除き、同項の同意を拒むことができないものとする。
3　裁判所が弁論期日外証拠調べをする旨の決定をしたときは、被告は、当該行政文書を裁判所に提出し、又は提示しなければならない。この場合においては、何人も、その提出され、又は提示された行政文書の開示を求めることができない。
4　第一項の規定にかかわらず、裁判所は、相当と認めるときは、弁論期日外証拠調べの円滑な実施に必要な行為をさせるため、被告を弁論期日外証拠調べに立ち会わせることができる。
5　裁判所は、弁論期日外証拠調べが終わった後、必要があると認めるときは、被告に当該行政文書を再度提示させることができる。

黒塗りしている部分を見て、当該黒塗りされた情報が不開示情報かどうかを判断するのは、非常に難しい。特に枠のみが開示され、その中が真っ黒に黒塗りされている場合（俗に「のり弁」という）、前後関係もわからない以上、開示情報と判断することに裁判所は躊躇を覚えるだろう。

インカメラ審理は、当事者が立会権を放棄し、裁判官のみがその黒塗りをされていない行政文書の証拠調べができるという制度である（この手続きでは、原告が閲覧請求をすることや、裁判所の中で証拠調べした書面を記録することは想定していない）。

本規定により、裁判所が行政文書に記載されている内容を見たうえで、開示情報なのか不開示情報なのかを判断でき、情報公開訴訟の大きな問題点を解決するものであった。

8 改正法案のその後

平成二三年三月一一日に閣議請議された改正情報公開法は、東日本大震災が発生したために、四月二二日に閣議決定された。通常、法案は、閣議決定された後、委員会に付され、大臣が国会における法案の提案理由を読み上げる通称「お経読み」を経て、委員会での可決、国会での可決となっていく。しかし情報公開法の改正法案は、このお経読みにたどり着くことがかなわず、その後廃案となった。

一つ目、二つ目の山は自分たちで乗り越えることができたが、残念ながら三つ目の山は政治という山で、どうにもできないものであった。

法文の一条一条にドラマがあるというのは裁判例を読むと感じることであるが、裁判例もないような条文にも一条一条に多くの人の努力と時間が込められているということを実感したのが、私の情報公開法改正準備室での経験であった。

9　閣議決定後の情報公開

最後に一つ、情報公開法の開示請求について述べておきたい。私の手元には、情報公開法改正準備室の資料があり、本稿もその情報を見ながら執筆した。これらは、私が秘密裏に持ち出したものではない。情報公開法改正準備室の「行政文書」を情報公開で取得した方から譲り受け、ＰＤＦデータとして持っているものである。

法案作成中の情報は、審議検討情報として不開示情報となる。しかしながら閣議決定されると、もはや審議や検討をしている情報ではないことから、開示される文書となる。別件であるが、私が所属する第二東京弁護士会の情報公開・個人情報保護委員会で執筆した『令和2年改正　個人情報保護法の実務対応・Q&Aと事例』（新日本法規、二〇二一）は、閣議決定後に内閣法制局御説明資料の一式を開示請求して入手した資料を参考に執筆している。

情報公開は国民の知る権利に資するための制度である。「何人も」開示請求をすることができるので、ぜひ、皆様も、一度情報公開制度を利用してみていただければ幸いである。

⑥ 刑事弁護のもう一つの側面

小泉恒平

1 刑事弁護の依頼者

テレビドラマなどで出てくるような、刑事事件で活躍する弁護士のイメージは、無実の罪を着せられた依頼者を弁護し、検察官と闘う姿かもしれない。検察官が有罪の証拠として裁判に提出しようとする証拠に「異議あり！」と立ち上がり、敵対する証人を反対尋問で切り崩し、無罪を獲得する姿は、刑事弁護の花形である。無罪判決が出たとき、無実の依頼者を救えたことに安堵し、やりがいを感じる。しかし、九九％が有罪とされる日本の刑事裁判。これまで携わった一〇〇件以上の刑事事件の中で、そのような経験は数えるほどしかない。

そもそも、刑事事件で無罪を主張する被告人はそれほど多くない。犯罪をしたこと自体は認めており、もっぱら、犯してしまった罪に対する刑罰の重さをどうするかを決める事件（「情状事件」「自白事件」などと言う）が、少なく見積もっても三分の二を超えていた。

民事事件や顧問先の依頼者の方に、私が刑事事件（とりわけ国選弁護人で殺人事件など）もやっているという話をすると、驚いたような表情で「弁護士の先生も大変ですね。悪い人の弁護しなくちゃいけなくて。どうにも弁護しようのない人ばかりでしょ…」というような反応をされることがある。

しかし、実際のところ、重い犯罪を行った依頼者が、弁護しようもない極悪人であることは滅多にない。あくまで私の感覚的なものだが、「悪い人だな」と思うこともほとんどない。むしろ、話を聞けば聞くほど、私自身も似たような立場に置かれていれば、同じような犯罪をしていたかもしれない、と思わせられることが多い。あるいは、自分よりも「いい人」で「繊細」で、それ故にうまく生きられず犯罪に手を染めてしまったことがわかることもある。総じて、社会において生きづらさを抱える度合いが大きく、抱えきれずに犯罪に至ってしまったと言えるような依頼者が多い。

2　自白事件における弁護人の活動

このような自白事件の裁判で審理されるテーマは、刑罰をどうするかである。

具体的には、①実刑か執行猶予か（刑務所に行かせるかどうか）、②実刑の場合、どれくらいの期間刑務所に服役させるべきかを裁判所が判断する。検察官は、犯罪行為そのものの悪質性、結果の重大性、被害者の処罰感情、社会的影響などを示し重い刑に処するべきだと主張する。これに対し、私たち弁護人は、罪を犯してしまった経緯や動機に酌むべき点があることなどを示し、もっと軽い刑が適切であると主張する。殺人未遂や放火など、市民が参加する裁判員裁判の対象となる重い刑罰の事案でも、酌むべき事情が認められれば、執行猶予の判決が下されることも少なくない。依頼者にとって、執行猶予になるか、実刑になるかは、その後の人生を大きく左右する重大な問題だ。

このような裁判で、まず刑事弁護人がやらなければならないことは、裁判所（とりわけ初めて刑事事件に携わる裁判員）に対し、目の前の依頼者（＝犯罪者）が、どうしようもない極悪人ではないということをわかってもらうことだと私は思っている。裁判員自身の緊張もあるだろうが、裁判開始時、法廷で、初めて依頼者に向けられる裁判員の表情は険しい。私たち弁護人は、長い時間をかけて依頼者のことを知る。その中で、その依頼者が特別に悪い人ではなく、共感可能な事情により罪を犯してしまったことも理解できる。一方、裁判官や裁判員が、依頼者について知る機会は、法廷での数時間～数日の審理でしかない。いかに短時間で効率良く、依頼者の人柄を伝え、一定の共感を得てもらえるかが大きな課題である。

審理が進むにつれ、依頼者に対する裁判員の表情が変わっていくのが感じられることがある。若年の依頼者に対して、年配の裁判員が、親戚の子どもを見るような温かい目で見てくれるようになることもある。そうすると、法廷全体の関心事も、おのずと、悪人をいかに処罰するかというものから、その依頼者の今後の人生をどうすべきかということに移っていく。

しかし、これだけでは、執行猶予か実刑かが微妙な案件で、執行猶予判決にしようということにはならない。依頼者の今後の人生を真剣に考えてもらえればもらえるほど、裁判の後、社会復帰した場合、きちんと更生してやっていけるのかについて厳しく問われることになる。

3　情状事件における家族の役割

このような事件の裁判では、依頼者の家族に、情状証人として、法廷で証言してもらうのが定石である。情状証人とは、被告人の罪を軽くすることを目的に証言する証人のことである。つまり、犯罪を犯した依頼者の家族が法廷に出て「私の監督が行き届いていませんでした。今回の事件を機に、今後は彼をしっかり監督し、家族みんなで更生をサポートします」などと証言するのだ。

判決書でも、量刑の理由として、家族の協力や監督などが被告人に有利な事情としてあげられるのが一般的だ。重大な犯罪を犯してもなお、家族が最後のよりどころとして存在しているということ自体、被告人を改悛《かいしゅん》させ、更生への強い導きになるという側面も考慮されるのかもしれない。

特に、市民から選ばれた裁判員は、目の前の被告人が、今後再犯せずに社会で更生できるのかどうかに強い関心を抱いているように感じることが多い。刑の重さは、犯罪行為そのものの性質を中心に決めるべきで、再犯可能性や更生可能性などは周辺的な事情として大きく量刑を動かす要素ではないという建前だが、刑を決めるうえで「この被告人を社会に出しても大丈夫か？」ということに市民が関心を示すのはごく自然である。

そうすると、弁護人としては、なるべく頼りがいのある家族に証言台に立ってもらい、具体的な監督・支援の計画と、被告人の社会での更生を引き受ける覚悟を述べてもらいたい。

私自身、何人の家族を情状証人として法廷に引っ張り出しただろうか。

4　刑事事件における家族

このように刑事裁判で、依頼者の家族は、刑を左右する重要な情状証人として現れる。しかし、いくら身形《みなり》がしっかりしており、口の上手《うま》い情状証人であっても、口先だけで上記のような定型の証言をしても、すぐに見抜かれ、かえって悪い印象を与えてしまうだろう。ところが、依頼者の家族は、依頼者が逮捕された直後から、刑事手続きに関わり、依頼者の犯罪や社会復帰後の生活に向かい合わざるを得ない。

逮捕された依頼者にとって、頼れるのは、弁護人を除けばたいてい家族だけだ。頻繁に警察署に面会に来てくれるのも、留置施設に服や本や現金を差し入れてくれるのも、たいてい家族だ。

また、逮捕された依頼者は、できるだけ早く釈放されたいと思う。その場合にも家族の協力が不可欠だ。依頼者を監督する身元引受人になり、刑事手続きが終わるまで同居し、保釈保証金も用意しなければならない。もちろん、これらの役割を家族以外の友人などが担うこともまれにある。しかし、裁判官は、第三者より家族のほうがすんなり保釈を認めてくれる傾向にある。

以上のように、刑事事件では、依頼者を早期に釈放させるためにも、裁判でなるべく刑を軽くするためにも、家族の存在が重要なため、弁護人は頻繁に家族と連絡を取り、様々な調整をすることになる。必要であれば、依頼者と家族の関係を調整する役割を担ったり、社会福祉士・精神保健福祉士・医療機関・福祉行政などと協力して進めることもある。依存症や精神疾患を抱える依頼者の場合には、家族に専門機関を紹介することもある。そういうことを熱心に行い、家族を基軸に、依頼者が社会に戻れる環境を整備し、更生への道を示し、早期の釈放と刑を軽くするのが情状事件における弁護人の役割だと思い、これまで多くの事件に取り組んできた。

5　家族がいない依頼者の場合

それでは、依頼者に協力してくれる家族がいない場合はどうするのか。残念ながら、容易に想像できるとおり、家族の協力が得られない依頼者は、刑事事件では相当不利である。家族の協力が得られれば、すぐに釈放されるような案件なのに、裁判が終わるまで保釈の請求すらできないことはままある。

裁判後の社会復帰については、先に述べた社会福祉士などの専門家に協力を求め、福祉サービスを基軸にした更生支援計画を作成してもらい情状証人として裁判に出てもらうことがある。お金のない依頼者の場合、その費用を弁護士会が少額援助する制度もある。とはいえ、前述した家族に期待されるような機能を果たすには限界がある。

私は弁護士になって一〇年そこそこだが、その間にも、頼れる家族がいない刑事事件の依頼者は年々増えているように思う。また、外国人留学生が依頼者になることもあり、家族がいても、海外に住んでいたりすると、連絡の壁などから、その依頼者が不利益を受けたケースも経験した。

このように協力できる家族のいない依頼者の弁護をするといつも、家族の有無によって不利になったり有利になったりする刑事手続きの不公平さに憤る。

6　協力を申し出る家族がいても…

もっと悩ましい問題に直面することがある。最近、立て続けに、知的障害や精神疾患を抱えた依頼者の国選弁護人になった。これらの事件に共通していたのは、いずれも障害等が直接の原因で罪を犯してしまったわけではないということである。依頼者と家族の関係や、依頼者を取り巻く家族間の関係に亀裂が生じ、もともと依頼者が抱えていた障害等による社会での生きにくさが、犯罪という形で発露してしまったという事案だった。

初犯のある依頼者は、逮捕後、警察が受診させた医療機関で、初めて、幻聴や幻覚に苦しむ比較的重い精神疾患との診断を受けた。彼女は、数年前からその症状に苦しみ一人で外出もできなくなり、唯一の同居の家族に病院に連れていってほしいと訴えた。しかし、家族は取り合わず、かえって仕事をしないでひきこもる彼女を叱った。追い詰められた彼女は、「自分の辛さをわかってもらいたい」「病院に連れていってもらいたい」との思いで、犯罪に及んだのだという。

その家族は、法廷でその一連の事実を認め、反省の弁を述べるとともに、専門家の指導のもと依頼者の更生に協力したいと述べたが、病気は甘えであり、きちんと仕事すべきだという元々の考え方は捨てきれていないように感じた。

また、少年時代から犯罪を繰り返し、そのたびに唯一の家族である母親が情状証人として出廷して、母親のもとに帰るも、再び犯罪を犯し、裁判にかけられた軽度の知的障害を持つ依頼者もいた。

ほかにも、犯罪の原因が本人ではなく、家族にあるのではないかと思う事件が続いた。果たして、家族と連絡を密に取り、家族を基軸に更生計画を立てることが本当によいことなのだろうかと疑問に思うようになった。一方で、弁護士は、依頼者のために最善を尽くすのが原則であり、依頼者の希望を叶《かな》えるために尽力しなければならない。依頼者本人が、家族が好きで、家族のもとで生活していくことを希望しているとき、あえて、その希望に反する活動をすることが許されるのかという問題もある。

7　刑事弁護人にできること

刑事弁護人は弁護士であり、弁護士は、法律の勉強をし、司法試験に合格してきた者である。刑事裁判で、依頼者の利益に資するように（すなわち刑が軽くなるように）、依頼者がきちんと更生できることを説得的に主張立証する専門家であるが、前述のような家族の問題を解決するのには限界があるし、私のような若造にそのような資格があるのかも疑問だ。

そこで、私は、こうしたケースでは、必ず、専門家（社会福祉士や精神科医など）に協力を求めるようにしている。専門家の意見や、専門家を交えた依頼者本人・家族との話し合いを通して、裁判の帰趨《きすう》を見据えながら、更生計画を一緒に立てていく。

その結果、家族が協力を申し出ているにもかかわらず、家族のもとには帰すべきでないという更生計画が立てられ、裁判でそのように主張したこともある。医師と社会福祉士が、それぞれ情状証人として出廷し、それまでの本人の生活状況や家族の問題点を指摘し、その弊害を取り除くためには、いったん家族から離れ福祉的支援のもとで自立することが依頼者の更生にとって一番であることを裁判官・裁判員に説明した。依頼者本人も、そのことに納得し、今後は家族を離れ、支援者のもとで自立して生活していきたいという誓いを述べた。結果として、その主張は受け入れられたようで、想定より軽い刑の判決が下された。

最後に

家族がいない人はますます増えているし、問題を引き受ける余裕のない家族や、地域や親類から孤立した家族も増えているように思う。しかし、何か問題が起こったときに、家族が最後のよりどころとして機能すべきだという考え方がまだ根強く残っている。私自身、そういう価値観を体現するような刑事弁護（情状弁護）をしてきた節がある。

一方で、現実問題として、罪を犯した者の受け入れ先は、家族以外には、限られた精神病院と施設しかないということもある。前述のように専門家を交えた更生計画を立てた情状弁護が功を奏し、執行猶予判決が出た後、釈放された依頼者の入院などに付き添う機会が続いた。いつも帰り道、本当にこれでよかったのだろうか…と考えないではいられない。

⑦ 記憶に残る弁護
――再度の執行猶予中の男性

水橋孝徳

私はいわゆる「マチ弁」である。離婚・相続などの家族間のトラブル、中小企業の経営者、交通事故などの一般民事事件、刑事事件の被疑者・被告人となってしまった人など、様々な属性の人や出来事に出会う。そこにある問題を法的に分析し、適切な処方箋を示すのが、私の仕事だ。

弁護士を続けていると、「先生は何が専門なのですか?」という質問を受けることが、しばしばある。実は、この質問には、かなり答えに窮する。どんなトラブルでも解決を示すことができるのが、「マチ弁」の強みである。強いて言えば、「事件処理の専門家でありたい」というのが私の矜持《きょうじ》と言えるかもしれない。

様々な事件を担当すると、思い出に残る事件が出てくる。マスコミに連日報道される事件、無罪判決を得た事件、訴額が数十億円に上る事件、数千人を依頼者に抱える集団事件、一〇年にわたる法廷闘争、もちろん、いずれもよく覚えている。

ただ、思い入れがある事件というのは、必ずしも事件の規模や得られた成果の大きいものには限らない。弁護士の感性も千差万別である。私の場合は、「人」の輝きに、気持ちが動かされる。

今回は、その中の一つの事件を紹介したい。

1　ある男性との出会い

弁護士一年目、登録してまだ三か月の時。私は、地方のある警察署の留置所で、国選弁護人として五〇代の男性と面会していた。

彼は、少し小柄で、汚れた長髪は七割くらいが白くなって、バラバラに乱れている。手はひび割れていて、唇もかさかさに乾ききっていた。

彼の罪名は窃盗で、住所近くのスーパーマーケットでサプリメントを窃取した、というのが被疑事実だった。話を聞くと、彼は窃盗で警察のお世話になったことが何度もあり、私が会った時には再度の執行猶予中だった。再度の執行猶予というのは、極めて例外的に適用される制度である。執行猶予中に再度罪を犯したものの、前刑の量刑が一年以下の懲役または禁錮であって、かつ、「情状に特に酌量すべきものがあるとき」（刑法二五条二項）に、もう一度だけ最後のチャンスとして、執行猶予を言い渡すというものだ。たとえて言うならば、徳俵《とくだわら》に片足がかかり、それどころか、もう片足は宙に浮いているような状態である。

彼は今まで刑務所に服役したことがなかったが、その前科・前歴の数からすると、不思議なくらいであった。ことここに至っては、実刑判決と執行猶予の取消しは不可避である。それと異なる見通しを述べるのは、法律家としては、ある種異常な感覚と言うべきですらあった。

一通りの事情聴取をし、面会を終えようかという時に、ふと気がついた。彼の住所は、薬物依存から脱するための施設だったのである。つまり、彼は薬物依存症だったのだ。改めて話を聞くと、彼が万引きを繰り返すのも薬物依存症の発露だったことがわかった。大量に飲むと薬理作用を味わえるという噂《うわさ》（もちろん、科学的にはあり得ないことである）のサプリメントがあり、彼はそれを求めて万引きをしてしまったのだ。前科・前歴となる事件も、同じようなものだった。

私は、よくある万引きの常習犯とは違うのかもしれないなと、彼に興味を持った。彼の行動の源流はどこにあるかを探そうと、その生い立ちを根ほり葉ほり聞いた。彼が九州の地方都市の出身であること、若いころに覚せい剤を覚えてずるずると続けてしまっていること、子どもに分別がつく年になってきたことを機に、薬物依存から脱する決意で施設に入所のために単身で引っ越してきたこと、高校生になる娘を故郷に残してきていることなど、彼は割と淡々と話をしてくれた。そして、今回の件に関しては「さすがに、今回の件で刑務所に行くことになるのはわかっている」「ただ、何とか今後の自分を変えていきたい」「自信を持って娘に会いに行けるようになりたい」と語った。なんとなく、彼の姿と故郷で待つ高校生のイメージが重なった。その時、アクリル板の向こうにいる、唇がひび割れた男性が、少し光を放った気がした。

「刑務所に入れたくない」

私は、そう思った。法律家の常識からすれば無謀であるのは明らかなのに、そう思ってしまった。

2　不起訴への挑戦と検察官の対応

私が彼と最初に会ったのは、勾留請求の初日だった。そこから検察官が処分を決めるまでには、一〇日間の時間がある。

検察官は、送致されてきた事件を必ず起訴するわけではない。刑事訴訟法二四八条は、「犯人の性格、年齢及び境遇、犯罪の軽重及び情状並びに犯罪後の情況により訴追を必要としないときは、公訴を提起しないことができる。」と定めている。彼の場合、起訴をされれば、懲役の求刑を受け、判決が実刑となるのは確実だ。だから、裁判を始めないで事件を終わらせるしかない、私はそう考えた。

私は、残された一〇日の間に、不起訴にするため自分にできる限りのことをした。彼の場合、罪名は窃盗だが、その根底にあるのは薬物依存である。一般に、薬物事犯は再犯可能性が高いため、受け入れ環境の整備や第三者の支援を必要とする。私は、窃盗と薬物事犯、両面からのアプローチを行うこととした。

被害店舗との示談はもちろん、改めて薬物依存から脱却するためのプログラムに参加する環境を整えた。施設の人も、今後の協力を快諾してくれた。執行猶予期間中にお世話になっていた保護観察官とも話をした。その話の中では、彼がどれだけ真面目に更生プログラム（保護観察所では、特定の犯罪傾向を有する者に専門的処遇を用意している）に取り組んできたかが明らかになった。前の事件を担当した彼の地元の弁護士とも連絡が取れ、そこからの情報を手掛かりに、九州に残してきた彼の娘にも連絡がついた。彼女も、彼の帰りと、ともに生活を送れる日が来ることを心から待っていた。

一〇日目を迎え、捜査を担当している検察官と話をした。彼を刑務所に送り込むことが不毛であること、更生のための意欲と環境が整備されていること、そして、故郷にいる子どものためにも、例外的ではあるが、最後に一度だけやり直しの機会を与えてほしいと求めた。

検察官の答えの第一声は、無情なものだった。「検察官の立場では、前科・前歴に照らせば起訴をせざるを得ません」。しかし、意外な言葉がそこに続いた。「ただ、捜査を担当している検察官としては、彼に罰金の求刑をするのが相当だと考えています。その前提で、公判担当の検察官に事件を引き継ぎます」と。

再度の執行猶予期間中の者が懲役の判決の言渡しを受ける場合、もはや執行猶予を付すことはできず、以前の執行猶予も取り消されることになる。しかし罰金であれば、執行猶予を取り消すかどうかは裁判所の裁量に委ねられることになる（刑法二六条の二第一号）。つまり、捜査検事の言葉の意味は、「罰金を払えば、裁判所次第では、刑務所に行かなくてもよいことになるかもしれない。検察官はそのチャンスを与えたい」というものだったのである。

3　面会を重ね、裁判に臨む

初回の裁判は、起訴されてから約一か月後に予定された。その間に、私と彼は裁判に向けて準備を重ねた。すでに必要な書類や人は集まっている。あとは、それを裁判所で、きちんと、そしてわかりやすく明らかにしていくだけだ。

私は何度も何度も彼と面会を重ねた。裁判準備の目的もあるが、それだけではない。彼の姿勢を見るのが、楽しかった。彼に、起訴されたことで落ち込む様子はなく、自分を変えていきたいという姿勢と意欲は全く衰えなかった。彼は、自分を変えて、いつか家族と一緒に暮らすのだと強く信じていた。「きっと、裁判官にも伝わる」、面会を重ねるにつれ、私は徐々にそう信じていった。

初回期日は、約一時間の予定だった。検察官がする犯罪事実の証明は書面だけで簡潔に終わり、主として弁護人の情状立証に審理の時間が充てられた。被害店舗の責任者が「彼を処罰しないでほしい」と嘆願する書面が取り調べられ、施設の担当者が「もう一度、一緒に向き合っていきたい」と証言した。九州で待っている彼の娘の存在も、法廷で十二分に明らかにされた。そのうえで、自分が薬物依存であること、何度もやめようと思いつつも失敗を繰り返してしまったことなど、彼は自ら弱みをさらけ出した。そして、娘のために生まれ変わらないといけないと、力強く、涙を流しながら語った。それは、私がアクリル板越しに見てきたどの姿よりも、頼もしかった。その時、法廷には確かに光が差して見えた。

手続の最後に、検察官が事件についての科刑意見を述べた。再犯であり刑事責任は軽視できないとしつつも、彼の反省と更生意欲を考慮したいと検察官は語った。「罰金三〇万円、未決勾留日数を罰金に満つるまで算入」すべきだ、というのが結論だった。「満つるまで算入」というのは、罰金を払えない人は一定期間労役場で留置を受けなければならないところ、判決言渡しまでの身体拘束期間を労役場に入った扱いにする、という制度である。つまり、検察官は、「ここまで勾留を受けてきた以上に、刑を科す必要はない」という科刑意見を述べたのであった。率直にうれしかったし、本当に彼は刑務所に行かずに済むかもしれない、といよいよ期待をした。

第一公判期日の審理が終結し、判決が言い渡される第二回公判期日は、二週間後に指定された。

4　判決

刑事裁判の判決言渡しは、開廷直後に、まずは結論から言い渡される。

担当の女性裁判官が法廷に入ってきた。法壇に上り、ややせわしなく記録を机に置いて席に着く。ふと気になった。開廷を告げる裁判官は、弁護人のほうを全く見ていないのだ。なんとなく嫌な予感がした。しかし、直後に「被告人は証言台の前に立ってください」との裁判官の声が聞こえ、私の依頼者が席を立って証言台に向かっていった。私は慌てて手に持ったメモ用のペンを握り直した。

「主文」

裁判官が述べる。唾を飲み込む。

「被告人を懲役八月に処する」

「未決勾留日数中五〇日をその刑に算入する」

女性裁判官のやや低い声が法廷に響いた。その意味を理解するのに、少しだけ時間がかかった。裁判所の判断は、検察官の求刑を質的に上回る、実刑の結論だったのだ。

主文を言い渡したあと、裁判官は結論に至った理由を朗読する。その内容は、「更生の意欲は認められるものの、同種の前科・前歴が多数あることに鑑みれば、実刑の選択をせざるを得ない」という、極めて「常識的」なものであった。

判決内容をすべて言い渡した後、女性裁判官は彼に語りかけた。「八月という期間はかなり短いものです」「通常、この事件で五〇日も未決勾留日数を算入することはありません」「あなたの弁護士さんはきちんと仕事をしてくれた。そのことに、感謝をしないといけない」「裁判所もあなたの更生を信じています」などと述べた。その話は、私の耳には入ってきたが、頭の中には入ってこなかった。裁判官の耳障りのいい言葉が、たくさんの人の反対を押し切って彼を刑務所送りにするための言い訳をしているようで、かえって私を冷ややかな気持ちにさせたのだ。

判決言渡し期日は、ものの一〇分で終わる。法壇に一礼をして、私は一人で裁判所を出た。検察官の求刑どおりの判決であれば、彼とともに裁判所を出るはずだった。私は、その足で、単身、彼が身柄拘束を受けている警察署に向かった。

接見室で私が最初に発したのは、謝罪の言葉だった。「力不足で、あなたの権利を守り切ることができませんでした。申し訳ありません」と謝った。本心だった。彼は、少し笑って「ここまでしてくれて、ありがとう」と答えた。その時、不覚にも涙がこぼれ、声が詰まった。依頼者の前で涙を流すのは、プロとして失格だというのはわかっている。それでもダメだった。

彼は、控訴を選択しなかった。その理由を、彼はこう説明した。「先生や、周りの人や、子どもや、検察官が、みんなでここまでしてくれた。それでも裁判所が実刑判決を選択したのは、それだけ自分のしたことが重いからだと思う。犯した罪はきちんと償わないといけないから、その気持ちを応援してほしい」と。まもなく受刑者となる中年の男性は、まだその光を失っていなかったのだ。

警察署を出た後、私は、自分の運転する車で事務所に向かった。その車中も、涙が止まらなかった。周囲に誰もいないことをいいことに、声を上げて泣いた。自分が守りたいと思ったものが、その目前で手から零《こぼ》れていった痛みに、弁護士一年目の私はまだ耐えられなかったのだ。

5 事件から一〇年を経て思うこと

あれから一〇年の時が流れた。

私は、今も弁護士を続けている。もちろん、刑事弁護も続けている。一〇年の間に、本当に色々な事件を担当した。その中では、率直に言うと、事件内容や依頼者の顔を思い出すことができないものもある。ただ、彼のように強烈に光を放った人のことは、決して忘れることができない。マスコミも触れない、判例集にも載らない、ドラマにもならない、社会の片隅で人知れず終わっていく事件でも、強く輝くことがあるのだ。そこに生の手で、しかも自分の感性で触れることができるのが、弁護士という仕事の最大の魅力だと、私は思っている。

弁護士は、依頼者の利益を最大化するために存在している。決して、教育者や宗教家のように人の道を説く存在であってはいけない。それは人としての越権行為であり、そこを目指すのはプロフェッショナルとして誤っている。

しかし、時に無造作に放たれる人の強い光に魅せられることが、禁じられているわけではない。そして、その眩《まぶ》しさを知ってしまうと、もうこの仕事を辞めることはできない。

今日も思う。私は、弁護士という仕事が好きだ、と。

8 集会を見守る
――抗議の路上で弁護士ができること

竹内彰志

掲げられるスタイリッシュなプラカード、メガホンを使ったコールアンドレスポンス、学生のスピーチ、増える群衆と抗議の声、警察官の群れと鉄柵。二〇一〇年代は、二〇一二年から始まる脱原発を求める官邸前抗議を皮切りに、二〇一四年特定秘密保護法への反対、二〇一五年安保法制の廃止、二〇一七年共謀罪反対、二〇一九年香港住民への連帯と、社会運動が政治の流れを形成した。

その場に、私は、弁護士としていた。それぞれの抗議活動を主催していたわけでもなければ、ことさらに政治的意図を持って活動していたわけではない。抗議活動という集会、あるいは路上での意思表示にトラブルが起こらないよう、もっぱら参加者を守る観点から、単に有志で見守りをしていたに過ぎない。

対外的には「活動家」あるいは「人権派弁護士」というふうにレッテルを貼られるのかもしれない。弁護士にとって、「人権派弁護士」というのは、権利擁護を行う立場を明らかにするものとして、名誉でありこそすれ、なんら悪い意味では解釈され得ない。むしろ、当事者に寄り添いながら、専門家としての矜持を持つというバランスの中で悩み抜き、困っている人を助ける存在である。

そのような人権派弁護士には及ぶべくもないが、約一〇年、路上で市民に寄り添った弁護士として、抗議の路上における弁護士の活動について一つの視点を示したい。政治的な主張というよりは、法律専門家の現実への向き合い方の実例としてご覧いただきたい。

1 弁護士有志が腕章をつけて見守り、過剰な警備には抗議

二〇一五年の夏、国会の外と国会の中で、国民と政治はつながっていた。集団的自衛権の行使を認める安保法制の整備は、憲法の立憲主義、恒久平和主義、国民主権に違反するものである。二〇一五年安保法制が違憲であることは、日本の弁護士がすべて加入する日本弁護士連合会においても、公式に表明されている。これまでの安保法制の法体系を崩すもので、二〇一五年安保法制はいったん廃止して、改めて必要な法制度を検討すべきだとされている。

国会の中では、法案の矛盾や根拠のおかしさが野党議員から指摘され続け、政府は正面からの答弁を避け、最後は審議を打ち切り、与党による強行採決がなされた。国会の外では、永田町の路上で元自衛隊員がスピーチをし、自衛隊員の家族の不安に寄り添う声が届けられ、このまま戦争できる国になってよいのかと、将来に不安と絶望を感じる若者のスピーチが伝えられた。

そんな声に聴き入る群衆のそばには、必ず、制服を着た警察官がいた。警察官は、駅の出入口を封鎖して、鉄柵を路上に並べ、集会に参加する市民の流れを分断していた。私は、その場に、有志でつくった黄色い「弁護士」と書いた腕章をつけて、流れを分断する警察官と向かい合っていた。

警察と闘っていたのか、と言われれば、そうとも言えるし、そうではないとも言える。

過剰な警備には、当然抗議をしていた。一度は、転び公妨（公務執行妨害の事実がないのに、妨害があったことを装う行動）を目の前で受けそうになった。封鎖された公道上には、制服警官と私服警官、そして弁護士だけがいた。ワイシャツを着た私服警官は、公道上から堂々と一般の市民をビデオ撮影していた。

言うまでもなく、警察による写真撮影は、①現に犯罪が行われもしくは行われたのち間がないと認められる場合であること、②証拠保全の必要性および緊急性があること、③その撮影が一般的に許容される限度を超えない相当な方法をもって行われることという三つの要件のすべてを満たしていなければ、違法である（最大判昭和四四年一二月二四日刑集二三巻一二号一六二五ページ・京都府学連事件）。

活動に参加する市民は、ただ単に、歩道上にいただけである。なんら現に犯罪が行われているわけでもなく、証拠を保全する必要性も緊急性もない。私たちが、これら最高裁判例で確立された要件を満たしていないと呼びかけるのを無視して、警察官がビデオで路上の市民を撮影し続けるという行為は、相当とも言えない。

そんな中、その私服警官は、一切接触がないのに、いきなり「うわぁ」と言って驚くそぶりをした。なんだこれは、と思った。全く脈絡のない言いがかりである。私たちは必ず複数で行動していたため、「何勝手に驚いているんだよ」という仲間の声でことなきを得た。そばにいた取材記者も寄ってきて、その警察官を撮影したことで、警察官は去っていった。もし私たちが仮に一人で警察官に対応していたら、取材記者がいなければ、二一世紀の日本で転び公妨を受けるところであった。警察は、犯罪の抑止のために、昼夜を問わず地域で見守りをする存在でありながら、集会の現場では、国家権力として、その矛先を向けてきた。剥《む》き出しの権力が、そこにはあった。

2　集会現場で弁護士が連携し、警察に協議申し入れ

警察は、対峙《たいじ》すべき対象であろうか。彼らもまた、家族を思い、仕事として業務上の命令に基づいて対応をしている。それは、スピーチに立った人の声に泣きそうになりながら、路上の整理をしていた警察官の姿を見て、私たちにも伝わってきた。

とはいえ、剥き出しの権力そのものとして、いきなり警察官が出てくるということは現実にあった。ヒートアップした市民と警察官とがもみ合いになりそうな場面があれば、私たちは体で割って入った。警察官がヒートアップしている場面はかなり多く、市民が警察官と物理的に接触して有形力を行使したとされないよう、物理的な緩衝材として活動していた。

人によっては、市民と警察の間に介入するスタンスで弁護士が活動することを「ぬるい」と言うかもしれない。しかし私たちは、なんらかの政治的な指示に基づいて現場にいたわけではない。その場で表現をしようとする人たちの声を裏方として支えるだけ、という意識でいたのであって、先鋭的な対立構造をことさらに抗議の現場でつくろうなどという発想はなかった。大事なことは、闇雲に現場の警察官と衝突することではなく、集会全体を安全に行い、集会の本来の目的である抗議活動を円滑に進めることにあった。

とはいえ、警察の過剰警備は止まらなかった。警察の装甲車が何十台も止まってアイドリングを数時間続け、排気ガスで気持ちが悪くなることもあった。鉄柵を抗議活動前から並べ、鉄柵同士をつなげて通行しにくくするなどの過剰警備も目立った。市民を誘導するとしながら、集会から遠くに行くように誤った誘導を意図的に行う警察官もいた。警察官がスクラムを組んで並び、路上を封鎖したこともあった。

これらについて、一つひとつ、弁護士が連携して、改善するよう警察に協議申し入れをした。路上封鎖をしたことで、かえって封鎖地点に人が溢れて、公道上に人が出る危険があるときは、人の流れを確認した弁護士がレンタルのトランシーバーで連絡を取り合い、警察官にも全体の状況を説明して、路上封鎖を解除させたこともある。呼びかけに賛同してくれた超党派の国会議員や都議会議員とともに、警視庁に申し入れに行ったこともあった。現場での信頼関係を少しずつつくることで運用が改善されることもあれば、全く変わらないこともあった。

指揮棒を持った警察の現場責任者は、職責の中で、市民を守るということをどの程度感じていたのか。現場責任者は、警察が守るべき対象は何なのか、現場の声を踏まえて考え、自らの責任において、適切な感覚で市民をより守る判断をすべきである。

3 警察の集会対応に変化?――渋谷での「香港加油」活動

国会の路上から四年後、二〇一九年の初夏の午後。私は、渋谷の路上で、マスクをつけた香港からの留学生や香港市民の見守りをしていた。その企画は、香港における、集会の自由の制限に抗議する日本在住の香港市民を中心とした活動であった。香港では、顔認証で市民が特定されるという不安から、抗議活動にはマスクをつけるのが一般であった。日本で行う活動なのに、彼らは、香港政府に対する不信感からマスクをつけていた。それほどまでに神経を使わないと集会ができない(なお、この集会の後、二〇一九年の一〇月、香港では、マスクをつけて集会に参加することが禁止され、罰則が規定されるに至った)。

彼らは、香港政府を恐れていたが、同時に、日本政府によって日本に滞在する資格を失わされることも恐れていた。そのとき、私は、法学部生が憲法で必ず学ぶ「マクリーン事件」を思い出した。この事件は、ベトナム戦争に反対するべ平連の集会に参加した米国籍のマクリーン氏の日本への在留期間の更新が拒否された一九七〇年の事案であった（最大判昭和五三年一〇月四日民集三二巻七号一二二三ページ）。

日本で政治活動を行った外国人の在留資格を失わせるという、すでに五〇年前にもなろうかという事案と同じような恐れを抱えながら、渋谷では、香港市民が抗議の意思を発信していた。広東語でのスピーチやコールを、その場にいる有志が日本人にも教えあい、このメッセージが香港政府、香港で抗議活動をする人々につながることを願い、人々は参加していた。Ｔｗｉｔｔｅｒではハッシュタグで香港頑張れを意味する「＃香港加油」とともに、日本の集会の様子が香港に届けられた。路上を歩く外国人観光客も、集会の様子を動画にとっていた。きっと本国で拡散されるのだろう。

この日、渋谷の現場では、不思議なほど警察官がいなかった。開始前に警察官が寄ってきて、活動やるんだねという確認をしてきただけであった。点字ブロックを避け、通行客の流れを阻害しないよう、有志が流れをつくったことで、警察からの抑圧や制止はなんらなかった。あらかじめ予告した時間の範囲内で活動をし、その後参加者は路上で記者からの取材にこたえ、ゴミを拾い、人々は解散していった。参加した香港市民は、きちっとした抗議の意思を日本で表明できたことに安堵していた。警察にも市民にも、路上での集会というソフトスタイルの活動が定着したのだと感じた。

4　路上での弁護士の活動を記す意義

原発政策、国家による秘密指定、集団的自衛権の行使を容認する安保法制、実行の着手前の行為を処罰できるようにする共謀罪。それぞれの政治課題について、賛否が分かれている。政治と社会が先鋭的に分断されつつある中で、国会での立法が誤った判断をしたと考える人がいる場合、それを正す方法として、日本では最高裁判所による違憲審査のほか、選挙がある。国会や政府の判断に誤りがあると考えた市民が集まり、抗議活動を行う。抗議活動のゴールが選挙における投票行動となるのであれば、二〇二〇年代の日本の様相も見えてくるのではないだろうか。

二〇一九年の渋谷は安定した活動ができたが、今後、抗議活動や集会は、また過剰警備にさらされるリスクもある。そのときに備えて、先人が刑事訴訟法の判例で闘った記録のほかに、二〇一〇年代の路上での弁護士の活動を広めることに意義があると考える。

弁護士は、その使命として、「弁護士は、基本的人権を擁護し、社会正義を実現することを使命とする。」（弁護士法一条一項）、「弁護士は、前項の使命に基き、誠実にその職務を行い、社会秩序の維持及び法律制度の改善に努力しなければならない。」（弁護士法一条二項）と規定されている。

この法律もまた、国民の代表者である国会で定められたものである。当時の立法者に敬意を払い、集会に参加する市民が、集会の目的を達成できるよう支えることが、弁護士の役割だと信じている。

⑨ 私の原点
——二つの事件が教えてくれたこと

趙　誠峰

私は多くの刑事弁護を手掛けている。弁護士一三年目だ。これまでいくつも無罪判決を得ることができた。大きな事件の弁護もたくさんしている。そんな今の自分にとって、原点となる事件が二つある。その二つの事件は、世間の耳目を集めた事件ではない。そして、成果を上げることができなかった事件である。それでもこの二つの事件のときに感じた思いは、決して色褪《あ》せることなく、今も私の原動力となっている。

1　有罪と無罪に分かれた二つの痴漢事件

とある痴漢事件。弁護士一年目のとき、ロースクール時代の同級生と新人同士で一緒に受けた事件だった。依頼者は中年サラリーマン。全く身に覚えがないのに電車内で「痴漢だ」と言われ、逮捕されてしまった事件である。映画「それでもボクはやってない」に出てくるような、典型的な痴漢冤罪《えんざい》事件だと思った。

逮捕直後に釈放されたものの、起訴された。検察官から開示された証拠を見ると、有罪のほぼ唯一の証拠は「被害者」とされる女性の証言のみであった。逆に無罪方向の証拠として、繊維の鑑定書があった。逮捕直後の依頼者の手指から「被害者」の衣服の繊維と一致する繊維が一本だけ検出されたというものであった。

私はこの証拠を見たとき、これは無罪になると思った。「被害者」の供述はいろいろ不自然な点があった。例えば、股間を触られたときの指の動きについて、人差し指はどういう動きで、中指はどういう動きで…といったように通常では理解できないような細かな事実まで描写されていた。また、犯人の服の色について明らかな供述の変遷があったりもした。

このような「被害者」証人に対して、ルーキー弁護士コンビで反対尋問に臨んだ。その証言の不自然さをあぶり出すなど、それなりにやれたと思った。そして、「被害者」証言どおりに痴漢行為をしたのだとしたら、犯人の手にはべったりと繊維が付着するはずだ、そのことを明らかにするために裁判所に追加の繊維鑑定請求をした。

裁判官も「被害者」証言には不自然な点もあったと思ったのであろう、こちらの請求を認め、鑑定を実施することになった。繊維鑑定を実施してくれる専門家を探し出し、裁判官とともに長野県上田市にある信州大学繊維学部に行った。鑑定の結果は、「『被害者』の証言どおりに『被害者』が当時着ていた衣服を触れば、手指に多量の繊維が付着する」というものであった。この鑑定結果が出たとき、これで無罪判決が出ると確信した。

その後、被告人質問を行った。依頼者がいきなり痴漢犯人として捕まるまで、彼にとってはありふれた日常だった。何も特別なことはなかった。だからこそ、痴漢犯人として間違えられる直前まで、彼は電車の中での周囲の様子など特に気にもとめていなかった。この点についての供述がある程度あいまいになるのは致し方ないことであった。むしろ、少しあいまいなことこそが、彼が痴漢をしていない証拠だと私は思った。こうして、最終弁論の後、裁判は結審した。そして判決。

「被告人を懲役五月に処する。この裁判が確定した日から三年間その刑の執行を猶予する」。

裁判官は有罪判決を言い渡した後、被告人に対し「あなたが一貫して無罪を主張していることは十分に理解しています。弁護人とよく相談して、控訴を検討してください」と言った。

私はこの裁判官のことを恨んだ。この裁判官は最低だと思った。この有罪判決はすべてこの裁判官のせいだと思った。

そしてこの事件は、その後控訴棄却、上告棄却となり有罪判決が確定してしまった。

それから数年後、私は事務所のボス（「刑事弁護のレジェンド」）とともに別の痴漢事件を受任することとなった。同じような中年サラリーマンの事件で、無罪を主張する事件であった。

私は依頼者と面会を重ね、依頼者の話の内容、その状況などから、「この事件は絶対無罪だ」と思った。一方で、この事件の証拠関係はあの事件より少し厳しいところがあった。私の心の中で「この事件も絶対無罪だと思うけど、あの事件が有罪だったんだから、この事件は有罪になっちゃう」とも思ったのを覚えている。

しかし、この事件は無罪になった。

私は法廷で無罪の判決を聞きながら、あの事件の依頼者の顔を思った。彼を無罪にできなかったのは、私の弁護人としての力が足りなかったからだ、そう思わずにはいられなかった。もしボスが弁護人だったならば、彼も間違いなく無罪になっただろう。彼が有罪になってしまったのは、裁判官のせいではなく、私のせいだ。

そして、このときから私は、もしもう一度あの彼の弁護をする機会があるならば、彼を確実に無罪にすることができるように、尋問や弁論、事件の組み立て方など、弁護の技術を深める決意をしたのだ。検察官証人に対する反対尋問や被告人質問は、明らかに技術によって変わる。あの彼の事件における、自分の反対尋問、被告人質問は十分なものではなかった。そして、この決意が今にまで続いて、今も日々法廷弁護技術の鍛錬を繰り返している。

2　保釈させられなかった依頼人

今から一四年前の二〇〇六年、早稲田ロースクールの学生だった私は、弁護士資格のある教員とともに、「学生弁護人」の一員として、とある傷害事件に携わることになった。学生が実際の事件の弁護活動に取り組む「クリニック」という授業である。

行きつけのデパートの客対応に落ち度があると苦情を言いに行ったAさん。ところが、デパート側の責任者は誠意ある対応をしなかった。不満が溜まったAさんは、デパートの時計売り場で両手にオメガの時計をつけるなど、嫌がらせのような行動に出た。Aさんはデパートの責任者と一連の対応についてさらに話し合っているうちに、トイレに行きたくなり、売り物のオメガの時計をはめた状態で、そのフロアのトイレに向かおうとした。一方、デパートの店員たちはトイレの前に立ちふさがった。

このようなやりとりをしているうちに、デパートの責任者の一人が警察に通報をし、Aさんは暴行及び窃盗の現行犯人として逮捕された。

要するに、Aさんはオメガの時計を時計売り場から持ち出してトイレに持ち込んだという窃盗、さらには立ちふさがるデパートの店員に暴力を振るったとして、デパートの時計売り場のフロアにあるトイレの前で逮捕されてしまったのである。

Aさんは、オメガの時計を窃盗などしていないし、店員に暴力も振るっていないと事件を否認した。

Aさんは勾留され、連日取り調べを受けた。Aさんが勾留された段階で私たちはAさんの弁護をすることとなった。勾留裁判に対して不服申立てと保釈請求をしても認められなかった。Aさんは家族との面会も許されなかった。せめて妻とだけ面会するよう求めても許可されず、その具体的な理由を示されることもなかった。見る見るAさんは衰弱していった。そしてAさんは無罪を主張したまま起訴されることとなった。

裁判所がAさんの保釈を認めない理由はこうだ。Aさんを保釈したら、またこのデパートに行き、デパートの店員に証言を歪《ゆが》めさせたり、不当な働きかけをするのではないか、その疑いがあると。

私たちは、Aさんはそのような行動をとらない、このデパートには近づかないという誓約をした。しかし裁判所はAさんを釈放しなかった。そもそもAさんがデパートに行って店員に接触したところで、何もできるはずがない。完全に対立しているデパート店員にAさんが接触すれば、その瞬間にその事実は警察、検察、そして裁判所へと伝わる。そうなれば、無罪を主張するAさんには致命傷となる。そのことは誰の目にも明らかであった。しかしそれでも裁判所はAさんがデパートに近づくかもしれないという理由で保釈を認めなかった。

起訴されてから四か月たってもAさんは保釈されない。そこで私たち学生は、自前の「GPS監視システム」をつくり、Aさんがこのデパートに近づかないようにし、近づいたらその瞬間に判明する仕組みを裁判所に提案することにした。それは、GPS機能付きの携帯電話のシステムを利用し、デパートの最寄り駅付近のエリアをあらかじめ指定し、そのエリアにAさんが近づいたらアラートが鳴り、アラートを察知した私たち弁護人はすぐに検察庁と裁判所に報告するというものであった。さらにAさんがこの携帯電話をつねに身につけることを担保するために、毎日学生弁護人がランダムの時間帯にAさんに電話をかけ、一定時間以内にAさんから折返しがなければ裁判所に通報するといった仕組みなども考えた。私たちはこのシステムを「保釈請け負いくん」と名づけ、仕様書を作成した。そして、私たちはこの保釈に備えてGPS携帯電話を購入し、準備万端にして保釈請求をした。

しかしそれでも裁判所は保釈を認めなかった。理由は刑事訴訟法八九条四号（「罪証を隠滅すると疑うに足りる相当な理由がある」）と、同条五号（「被告人が、被害者その他事件の審判に必要な知識を有すると認められる者若しくはその親族の身体若しくは財産に害を加え又はこれらの者を畏怖させる行為をすると疑うに足りる相当な理由があるとき」）に該当するというものであった。

当然、私たちはこの保釈却下決定に対して不服申立て（抗告）をした。しかし、抗告審を担当する高等裁判所の決定は、抗告棄却であった。なぜ罪証を隠滅すると疑うに足りる相当な理由があるのか、なぜデパートの社員に接触する疑いがあるというのか。「保釈請け負いくん」があれば、その疑いは払拭できるのではないか。しかし裁判所の決定文に「保釈請け負いくん」とか「GPS」という文字が登場することはなかった。裁判所は私たちがつくったGPS保釈監視システムを完全に無視し、ないものとして、Aさんの保釈を認めなかった。私たちは最高裁判所に不服申立てもしたが、全く相手にされなかった。

ようやくAさんが保釈されたのは、デパートの従業員の証人尋問が終わり、検察官の立証が完全に終了してからであった。Aさんが逮捕されてから半年がたっていた。Aさんは仕事を失い、家族との関係も崩れ、心身ともにボロボロの状態になって、ようやく自由の身となった。

私は、この国の刑事司法の現実を目の当たりにし、怒り、そして憤った。絶望感すら覚えた。とりわけ保釈について、なぜここまでして無罪を主張する人の保釈を嫌うのか、そこに法律を正しく適用するという姿勢は全くなく、理解をすることができなかった。


あれから一五年の時がたって、この国の刑事裁判はこの間に大きく変わった。裁判員裁判制度が始まり、市民が法壇の上にいる。そして、法廷は、書面をただ読むだけの法廷から、尋問がわかりやすく行われ、異議なども活発に出され、見て聞いてわかる法廷が実現しつつある。しかし、無罪を主張する人に対する保釈の状況は何も変わっていない。今も裁判所は、無罪を主張する人に対しては、決して（すぐには）保釈を認めようとしない。Aさんのような人が毎日何人も、何十人も、何百人も生まれている。そしてその中の少なくない人が、闘うことをあきらめてしまう。世界から「人質司法（hostage justice)」と非難される所以《ゆえん》である。

そして今、ようやくＧＰＳ保釈監視システムの立法化に向けて議論が始まろうとしている。無罪を主張する人が、日々の生活を保ちながら、万全の態勢で裁判に臨めるような制度にする。これが何よりも重要なことである。

そして今日も私は、あのときと同じように現場で創意工夫を凝らしている。

⑩ 北朝鮮政府を訴える

福田健治

1　北朝鮮帰国事業とは何か

北朝鮮政府を訴えている、と言ったら驚かれるだろうか。

一九五九年から、北朝鮮への帰国事業が始まった。第二次世界大戦後、日本に残った約六〇万人の在日コリアンたちの多くが、差別や経済的苦境の中での生活を余儀なくされていた。建国後一〇年を経ていた北朝鮮政府は、その指導下にある朝鮮総連を通じて、在日コリアンたちに、北朝鮮が「地上の楽園」であり、衣食住の心配もなく、十分な教育や医療を受けることができると宣伝し、北朝鮮への「帰国」を呼びかけた。朝鮮総連や朝鮮学校を通じた強力な宣伝と働きかけにより、帰国事業が終わる一九八四年までに、九万三〇〇〇人あまりが日本から北朝鮮へと渡った。その中には、在日コリアンの配偶者である日本人（いわゆる「日本人妻」）も含まれていた。

しかし、北朝鮮は「地上の楽園」などではなかった。新潟港を出て、北朝鮮北東部の清津《チョンジン》港に到着した帰国者たちは、迎えの人々の身なりから、自分たちがだまされていたことをすぐに知ることになった。原告の一人は、港に到着した時の様子をこう語る。

「『祖国だ！』という叫び声を聞いて甲板に上がったわたしは、あまりにもおどろいて言葉を失いました。それはわたしの目に焼き付いている、雄壮で華麗な写真の面影ではなく、おせじにも美しいとは言えない薄汚い建物が単調に並んでいる灰色の都市でした。船を下りると大勢の人の出迎えがありましたが、人々の顔には脂気がなく、その姿はみすぼらしいものでした。歓迎式典では学生たちの演舞がありましたが、華麗とか楽しいという雰囲気はまったく感じませんでした。学生たちも疲れたような表情をしていました。…後になって思い知らされたのですが、これはまだ地獄の入り口に過ぎませんでした。」（原告の陳述書より）

帰国者は、政府が定めた場所に連れていかれ、劣悪な環境での居住を余儀なくされた。海外への渡航が許されないのはもちろんのこと、国内での移動も厳しく制限された。食糧や医療の不足から死亡する者も後を絶たず、特に一九九四年頃からの大飢饉《ききん》では多くの者が飢えで命を落とした。ある原告は、到着直後の食糧事情についてこう語る。

「一〇日ぐらいは白いご飯が食べられましたが、壺のお米がなくなってからは、じゃがいもと小麦粉のお粥《かゆ》で食べつなぎながら仕事に出ていかなければならなくなりました。塩水にちっちゃなじゃがいも数個と、殻がついたままひいた黒くて粘り気のない小麦粉を少しこねただけの、お米一粒もない水っぽいお粥です。肉は一年に二、三回拝めたら幸運で、魚もめったに口に入りません。まれに塩漬けされたさんまを店で売ってくれましたが、後で聞くとこれは『帰国者家族』だけに与えられた『党の配慮』でした。隣近所の人たちがたまに自宅の庭で採れた野菜を分けてくれましたが、三日に一、二食食べる程度にもなりません。」(原告の陳述書より)

「地上の楽園」を夢見て北朝鮮に渡った在日コリアンやその家族は、北朝鮮という「地上の地獄」に閉じ込められた。私は今、帰国事業に参加して脱北した被害者の代理人として、北朝鮮政府を被告とする訴訟を担当している。

2　なぜ北朝鮮に渡ったのか

現在の常識から考えれば、北朝鮮に積極的に渡ろうなどということはおよそ考えられもしない。なぜわざわざ日本から北朝鮮に、と思われるかもしれない。その背景を理解するためには、当時の時代状況を正確に理解する必要がある。

第一に、当時の在日コリアンは、厳しい生活状況に置かれていた。仕事といえば、土木建築関係、くず鉄、パチンコ店関係などしかなく、不安定かつ低収入であった。一九五九年時点での在日コリアンの生活保護受給率は約四割に上っていた。また日本社会における在日コリアンに対する差別も、今よりはるかに厳しかった。子どもを持つ親たちは、十分な教育も受けさせられず、就職先も限られる日本社会での先行きに不安を抱えていた。帰国すれば進学や就職が保障されると約束した朝鮮総連の宣伝は、在日コリアンに大きな希望をもたらした。

第二に、南北の国力の差がある。今となっては想像も困難だが、当時は社会主義国家の勢いは強く、朝鮮戦争後の権威主義体制の下で経済が低迷していた韓国に比べ、北朝鮮は、ソ連の支援のもと、着実にインフラ整備を進め、国力で韓国を圧倒していた。韓国が経済的に北朝鮮を追い抜いたのは、一九七〇年代に入ってからであった。在日コリアンの大多数は、朝鮮半島南部の出身者であり、北朝鮮への渡航は決して故郷への帰還ではなかった。その意味で、帰国事業への参加は、多くの者にとって本当の意味での「帰国」ではない。それにもかかわらず多くの在日コリアンが同じ朝鮮半島の国家である北朝鮮に渡った背景には、こうした南北間の国力の違いや、いずれは北中心の統一国家が建設されるとの期待があったと指摘されている。

3　賠償請求の大きなハードル

私たちの依頼者は、北朝鮮から命からがら逃れてきた脱北者である。その一人である川崎栄子さんは、二〇〇三年に脱北してから、北朝鮮による人権侵害を世界に訴え、その責任追及を行うことに人生をかけている。川崎さんたちは、日本弁護士連合会による人権救済の申立てや、国際刑事裁判所への申立てなどに取り組んできた。そして私たち弁護団に、日本の民事訴訟を通じて北朝鮮政府の責任追及をできないか、検討を依頼してきた。

検討は一年以上続いた。帰国事業について北朝鮮政府の民事責任を追及するにあたっては、大きく二つの法的ハードルがあるように思われた。

(1) 期間制限の問題

一つは期間制限である。不法行為に基づく損害賠償請求には、三年の消滅時効と、二〇年の除斥期間という二つの期間制限が存在する。

消滅時効については、債務者が援用の意思表示をする必要がある。北朝鮮政府は、訴訟提起を完全に無視し、日本の裁判所には出廷せず、答弁書なども提出しないと予想される。したがって、北朝鮮政府による援用の意思表示はなされず、消滅時効の規定は適用されない可能性が高い。また、仮に北朝鮮政府が消滅時効を援用したとしても、時効期間が経過した原因は、もっぱら原告らを欺罔《ぎもう》し過酷な状況に置いた北朝鮮政府にあるから、これまでの裁判例に従い、援用の意思表示が権利の濫用ないし信義則に反するとされる可能性もある。消滅時効は、大きな問題とはならないと考えられた。

問題は除斥期間である。民法七二四条後段の二〇年の期間制限を除斥期間と解釈するのは、最高裁の確定した判例だ。除斥期間は、時効とは異なり、援用の意思表示を要せず、北朝鮮政府がこれを適用するとの意思表示を行わなかったとしても、裁判所は、除斥期間を理由に、賠償請求権は消滅したと判断することとなる。他方、最高裁判例では、加害者側の行為に起因して、被害者が損害賠償請求権を行使することが困難な状況が存在する場合について、時効の停止に関する民法の規定の「法意に照らし」、そのような状況が消滅してから六か月以内に権利を行使した場合には、除斥期間は適用されないとする限定的な例外を認めてきた。

帰国事業に関する賠償請求の根拠を、「地上の楽園との虚偽宣伝により北朝鮮に帰国させた」との欺罔行為に置くとすると、これら行為が行われたのは一九五九年から一九六〇年頃ということとなり、加害行為からはすでに六〇年が経過している。請求は棄却されかねない。

また、判例が認めてきた除斥期間の例外の適用も容易ではない。北朝鮮からの出国が許されず、これによって北朝鮮政府に対する責任追及が困難な状況に置かれていたと言うことはできようが、最高裁判例の趣旨によれば、このような状況が消滅してから、つまり私たちの依頼者の場合であれば北朝鮮から脱北してから（あるいは日本に到着してから）六か月以内に賠償請求を行わなければならない。しかし脱北者が北朝鮮の責任を追及すると決断することは決して容易ではない。生活基盤の確保、日本の法制度の理解や弁護士へのアクセス、北朝鮮に残された家族への報復の可能性との葛藤などで、六か月は優に経過してしまう。最高裁が認めてきた除斥期間の例外も、私たちの依頼者を救済するには心許《もと》ないように思われた（すでに、帰国事業における朝鮮総連の責任を問う訴訟は大阪で起こされており、除斥期間を理由に敗訴に終わっていた）。

議論の末に私たちが選択したのは、請求の根拠の再構成である。北朝鮮政府と朝鮮総連による虚偽宣伝のみを加害行為ととらえた場合、どうしても民法上の期間制限が請求の障害とならざるを得ない。そこで、虚偽宣伝だけではなく、虚偽宣伝により北朝鮮に渡航させ、その後出国を許さず、人権抑圧国家のもとに強制的に留め置いたことまでを国家的な誘拐行為と捉え、これを一連の加害行為と構成することとした。これであれば、加害行為は、少なくとも帰国者が北朝鮮政府の影響下から（命からがら！）脱した時、すなわち脱北に成功した時点まで継続していたと言うことができる。依頼者たちが脱北したのは、おおむね二〇〇〇年代初頭であり、まだ二〇年は経過しておらず、不法行為に基づく損害賠償請求はいまだ可能であると考えられる。

(2)　主権免除の問題

もう一つ訴訟上の障害となると思われたのは、主権免除と呼ばれる法理である。主権免除とは、国家は外国の裁判権から免除されるとの考え方である。これについても様々な調査と検討を経て、日本政府が国家として承認していない北朝鮮については、主権免除は適用されないと主張し、これを裏付ける文献を裁判所に提出している。

4　人権侵害と弁護士の責任

実は、この訴訟は二〇一八年八月に提訴したものの、いまだに裁判は始まっていない。この間、裁判所と私たちとの間で議論が続いているのは、以下の事項である。①そもそも北朝鮮国家は訴訟上の相手方となる法人と言えるか、その代表者は誰か。②そもそも虚偽宣伝と北朝鮮渡航後の留め置き行為は一体の不法行為と言えるか。③仮にこれが一体と評価できない場合の予備的主張として、⑴虚偽宣伝には除斥期間の適用があるか、⑵北朝鮮渡航後の行為について日本に国際裁判管轄があるか、準拠法は日本法と北朝鮮法のいずれか。これら論点について、裁判所の問題意識を受けて、裁判例や学説を調査し、これを準備書面として取りまとめる作業が続いている。現在のところ、二〇二一年秋頃に口頭弁論を実施することが目指されている。

　北朝鮮による人権侵害の責任追及は、世界的にその可能性が議論されている。国連は、二〇一四年の調査委員会報告書で、北朝鮮による皆殺し、殺人、奴隷、拷問、拘禁、レイプ、強制堕胎、その他性的暴力、政治・宗教等による迫害、強制移動、強制失踪などの人権侵害が「国家の最高レベルで決定した政策に」よることを認定し、説明責任の確保の必要性を強調した。アメリカでは、二〇一六年一月に北朝鮮で拘束され、一年半後に昏睡《こんすい》状態で帰国したがすぐに死亡したアメリカ人学生オットー・ワームビアさんの両親が、二〇一八年に北朝鮮政府を被告として損害賠償請求訴訟を提起した。同年一二月、ワシントンDC地区連邦地方裁判所は、北朝鮮政府に対し五億一〇〇万ドルの支払いを命じる判決を下した。ドイツでは、ベルリン市当局が、北朝鮮政府の資金源となっているホテルの閉鎖を命じ、今年初め、ベルリン行政裁判所が閉鎖命令を認める判決を行った。私たちの日本での裁判も、こうした北朝鮮の人権侵害について、その責任を法的手続を通じて明らかにしようとする国際的な流れにおける一つの試みであると位置づけることができる。

他方、北朝鮮帰国事業は、多くの在日コリアンとともに存在する日本社会の問題でもある。帰国事業の実施を、閣議了解という形で容認し、結果的に帰国者を凄惨な状況に追いやった事実について、日本政府も責任の一端を有するのも事実であろう。

私たちの依頼者はすでに高齢であり、なんとか生きているうちに北朝鮮に責任を果たさせたいと精力的な活動を続けている。通常であれば、「それは難しいですね」と断らざるを得ない難しい依頼者の訴えにも耳を傾け、正義の実現のために、法理論を駆使して訴訟を組み立て、社会に影響を及ぼそうとする一助となることができるのも、弁護士という仕事の醍醐味《だいごみ》の一つである。

⑪「家庭」で起きる重大事件の弁護

髙橋宗吾

我が国で認知される殺人・殺人未遂事件の半数以上は、親族間で起きているというデータがある。家庭内での重大事件は、誰にとっても決して遠い世界の話ではない。そしてこの類型の事件には、加害者・被害者というシンプルな対立構造ではとても語り切れないものが数多くある。刑事弁護士として悩みや葛藤を抱えながら事件を担当することも少なくない。それでもなぜ私がそのような事件に関わり続けるかということを少しお話ししたい。

私は、法廷で活躍する刑事弁護士に憧れて法曹の道を志した。幸いにして、早稲田のロースクール在学中に、二人の刑事弁護士と出会うことができた。今でも師と仰ぐ高野隆弁護士、そして、先輩として目標とする趙誠峰弁護士である。その弁護士たちの事務所で研修をした際には、とにかく刑事弁護士の格好いい姿だけが記憶に刻まれた。二〇一五年一二月に弁護士登録をした私は、趙弁護士を追いかけて、早稲田リーガルコモンズ法律事務所でキャリアをスタートした。

それから五年の間、多くの刑事事件を担当してきた。その中で、親族間の殺人・殺人未遂事件は、裁判にならなかったものも含め七件担当した。その中で、特に心に残る二つの事件がある。

1 初めて担当した家庭内殺人事件

弁護士登録から間もなく、まだ仕事を始めたばかりの私宛てに、知人弁護士から電話がかかってきた。「知人男性の母親が夫を殺してしまった。自分は刑事事件をやらないので、相談に乗ってほしい」

それまで、私の知人や、その周囲の家庭内でそのような重大事件が起きたという経験はなかった。弁護士になった途端にこのようなことが起きるのかと衝撃を受けた。

趙弁護士に、いざ受任となったら一緒に担当してくれるよう依頼し、とにもかくにも直接話を聴いてみないことにはと、電話を受けてすぐ、東京のとある街で暮らすその相談者の男性のもとに向かった。

彼曰《いわ》く、両親は北関東の田舎町で二人暮らし。両親双方が病気を抱え、お互いに介護をし合う状態が長く続いていた。父親が認知症を発症してからは、介護も含め、家のことをすべて母親がこなしていた。自分も、高齢の両親の様子を見に頻繁に家を訪問していた。同居も考えていたが、住み慣れた家を離れたくないという両親の希望もあり、そのまま別々に生活をしていた。

事件のあった夜は、警察からの連絡で事件のことを知った。母親が父親を刃物で刺し、父親はすでに死亡が確認されている。母親自身も刃物で怪我をしていて、病院に搬送されている。警察の見分に立ち会った際に見た両親の家は、台所から風呂場にかけて血まみれの状態だった。

その相談者は、最後に私にこう言った。

「私はどういう立場で、弁護士に何を頼んだらよいのかもわからない。母にどういう顔で会えばいいかもわからない。でも、今はまだ生きている母のことをなんとか助けてあげてほしい」

私はすぐに出張の準備をし、その母親が入院している病院に向かった。病院のベッドに横たわる女性は八〇歳を超え、元々重い持病も抱えていたため、今にも意識を失いそうなほどに弱っていた。

その後間もなく母親は退院となり、逮捕された。この弱った女性がなぜもう病院から出されるのか、警察の留置施設での生活に耐えられるのかと、そんな不安や憤りが私の頭を廻《めぐ》っていた。逮捕の報を受け、すぐに警察署に向かって面会をした。

「自分もすぐに夫のところに行く。夫が自分の胸の中から話しかけてきて、今までありがとうと言っている」

接見室で譫言《うわごと》のように話をする女性に対して、私は刑事弁護士として必要なアドバイスをすることがほとんどできなかった。その後、趙弁護士とともに再度面会をし、少しずつ事件の背景も聴き取ることができた。私の依頼者は、身体的な病気を多く抱えていた。事件の直前には、自分自身が手術のために入院もしていた。一方で一緒に暮らす夫は認知症を発症し、徘徊《はいかい》なども多くなっていた。その夫を置いて自分が死んだらどうなるか、そこに強い不安を持っていたようであった。事件のまさにそのとき、彼女が何を考えていたかは定かでない。しかし、夫のこれからを心配する気持ちに強く支配されていた様子が本人の話からうかがえた。

私たちは、勾留（逮捕に続いてなされる、最長二〇日間の身体拘束）の決定をしないよう即座に検察庁と裁判所に申し入れたが、通らなかった。そこで、せめて医師による適切な治療を受けさせるように検察官と警察官に申入れをした。しかし捜査機関からはなんの音沙汰もなかった。勾留決定から一週間ほどたった頃、私たちは、直ちに依頼者を病院に入院させて、そこで精神鑑定をすべきであるという意見書（鑑定留置の申入れ）を出した。どんな理由でもいいから、一度警察署の留置施設から出さなければ、本当に取り返しがつかなくなると思っていた。

その翌日、検察官から、一度勾留の執行停止をして入院させることにしたという連絡があった。入院した直後、私が病院に面会に行ったとき、依頼者は、これまでになくはっきりした口調で、「夫にとても痛い思いをさせてしまった。私のせいです。裁判よろしく頼みます」と告げた。それまで、依頼者の健康ばかりが心配で走り回っていた私だったが、この言葉で我に返った気がした。事件当時の精神状態は、その直後に面会した私の目からすれば明らかに正常ではなかった。病院で面会した際には、自分がなぜ入院しているかということさえもわかっていない様子であった。幻覚や幻聴、妄想に支配されているような言動も多数見受けられた。裁判では、彼女は事件当時には心神喪失状態（善悪の判断や自分の行動の制御ができない状態）であったとして無罪の主張をする事件になるだろうと思った。私たちも、まさに精神鑑定の実施を求めて、彼女が不起訴になることを目指す、あるいは裁判における無罪主張を支える医師の意見を得なければならないと準備を始めたところだった。依頼者は、これから私たちがしようとする弁護活動の結果によって、場合によっては残りの人生を刑務所で過ごさなければならなくなるのだということを思わずにはいられなかった。

しかし、私たちがその依頼者を法廷で弁護することはなかった。入院してから一週間後、彼女は病院で亡くなった。現在までに、捜査中に依頼者が亡くなってしまい公判まで進めなかった事件は他にもあるが、その一件目となったこの事件は、私にとって特に印象深いものとなった。

弁護士になりたてであった私は、刑事事件の現場が、かくも複雑で、人の人生に深く関わることなのだということを実感した。弁護人としての私は、衰弱しきっている依頼者の身体拘束を防ぐことができず、病院で十分な治療を受けさせてあげることも、残される家族とゆっくり話をする時間をつくってあげることもできなかった。実際にどのようなことが起きたのかも、何一つ明らかにすることはできなかった。事件が起きた後に弁護士として関与する私たちにできることは限られている、ということを思い知った事件であった。

2 仲良し親子の間で起きた事件

先の事件から四年ほどの間に、多くの刑事事件を担当し、無罪判決を得ることもできた。日弁連や弁護士会では、弁護士相手の法廷弁護技術研修で講師をすることも増え、後輩と事件を担当することも多くなった。家庭内での殺人事件、という類型の厳しい事件も数件担当していた。そんな頃、事務所に新しい相談依頼が入った。相談者は、とある男性であった。関東地方ではない、遠方での事件であった。

「妻が高校生の息子を刺してしまい勾留されている。息子は今も意識がない」

このままでは妻が起訴されてしまうかもしれない。これ以上家族をバラバラにさせないでほしい。そういう思いで、刑事事件に精通した弁護士を必死に探しているということであった。男性は、息子のいる遠方の病院にも毎日通っていた。

この相談を、趙弁護士と私が一緒に受け、弁護の依頼を正式に受けることになった。先の事件での経験や、過去にこのケースときわめて類似した状況の事件も担当していた私は、依頼者の妻の様子がまず気になった。年齢や健康状態などの事情は先の事件とはまったく異なっていたが、男性から聞く親子の関係性は、決して悪いものではなかった。むしろ仲が良い親子で、この母親が息子を手にかけるということは明らかに正常ではない状態であっただろうと思った。身体拘束が続くことによって、精神的・身体的に追い詰められていく可能性の高いことは容易に想像ができた。

女性は、私たちが弁護の依頼を受けたときには、鑑定留置という手続によって病院に入院し、精神鑑定を受けている最中であった。そのため、私たちが初めて彼女と会ったのは病院の面会室であった。

物静かな印象の彼女は言葉少なに、ゆっくりと事件のことを語ってくれた。

活発だった息子のこと、高校になかなか行けなくなった息子がつらそうにしていたこと、ある時期から突如として現れ始めた家の中での息子の暴力、児相や病院に相談してもなかなか解決策を見いだせずにいたこと、これから息子がどうなるか心配で仕方がないことなど。

彼女は、決して自分のしたことについて弁解をしようとしなかった。しかし、話を聴く我々からすれば、事件当時、彼女の精神状態が正常でなかったことは明らかだった。事件前の数日間、息子の暴力で極度の寝不足状態が続き、彼女は自死することも考えて街をさまよっていた。事件のまさにその時も、善悪の葛藤などを感じる間もなく、気がついたら料理をするために手に持っていた包丁を寝ている息子の胸に突き立てていたという状況だった。息子は一度起き上がり、その後倒れた際に頭部を強打して意識不明状態に陥った。

私は、彼女に対する精神鑑定の結果次第では、不起訴処分になることもあり得ると思った。私たちは、鑑定留置の期間が終わり検察官の処分が決まってしまう前に、彼女を起訴すべきでないという意見書を提出した。事件当時には正常な精神状態ではなかったこと、同じような事件が彼女の手で再び起こる可能性は想定できず司法を介入させる必要がないことを意見書で述べた。

しかし検察官は、彼女を起訴した。そして、事件時の精神状態は事件の際の責任能力（善悪の判断や自分の行動の制御能力）に影響を与えるようなものではなかったという主張をした。

私たちは、まず彼女の保釈を実現して、警察署の留置施設から出すことを目指した。鑑定留置の期間中に入院していた病院に、再度の入院を受け入れてもらうように話をつけた。裁判官に対しては、彼女の治療の必要性や、証拠隠滅・逃亡の可能性がないということを伝えて説得した。裁判官との交渉の結果、目標であった保釈の許可を得ることができた。

事実関係に争いのある刑事事件の場合には、検察官から捜査で収集した証拠を開示させ、そのうえで双方の主張を整理する必要がある。ケースによっては、裁判が開かれるまでに一年以上かかるものも少なくない。そのため、起訴されてすぐに保釈の許可を得られるかどうかは、依頼者にとっても、依頼者と自由に打合せをしたい弁護士にとっても、極めて重要となる。家族内での事件ということは、家族がみな事件関係者とも言える。その中で、裁判官が口裏合わせなどの可能性を漠然と危惧し、保釈を認めないということも少なくないのが実情である。

そして私たちは、精神鑑定をした医師、当時息子の治療にあたっていた心療内科の医師、元々この家族のことをよく知っていた友人、母親が相談していた児相の職員やクリニックの医師などから話を聴いた。意識が戻らず、入院治療を受け続けていた息子にも何度か面会に行った。息子の意識は、裁判が終わるまで戻ることはなかった。事件現場の自宅にも足を運んだ。家の中の様子からは、息子が抱えていた生きづらさや、それを母親に暴力という形でぶつけるしかなかった様子が見て取れた。母親もそれを抱え込み、なんとか息子が学校に行けるように、楽しく過ごせるように必死に支えていた。その中で母親自身がうつ病や、それに伴う睡眠障害・摂食障害などを発症し、最後には自死を考えるまでに重症化していた。

裁判で、私たちは無罪の主張をした。事件当時の彼女の精神状態は正常ではなく、責任能力を欠いていた（心神喪失）という主張である。事件後に検察官からの委託で彼女の精神鑑定をした医師の意見は、むしろ私たちの主張をある程度裏付けていた。裁判ではこの医師の尋問も実施され、事件当時の彼女の精神疾患が重症と呼べるものだったか、その精神疾患の重大な影響の下で今回の事件が起きたと言えるかが争われた。被告人質問で彼女自身が語った事件当時の状況や、息子への思いは、裁判官や裁判員の印象にも強く残ったように見受けられた。

裁判官、裁判員は、事件当時の彼女は、善悪の判断能力や行動の制御能力の程度が著しく低下していた可能性があるとして、心神耗弱状態にあったと認定した。無罪までは得られなかったが、判決には執行猶予が付された。その後の入院措置も必要がないという判断がされ、彼女は無事に家に帰ることができた。

この事件では、捜査段階から裁判まで弁護活動をすることになった。できることなら、検察官による起訴を避けることができればよかったという思いはある。しかし、裁判の結果、彼女を刑務所に入れずに家に帰すという最低限の目標は達成することができた。保釈後に病院で生活しながら、外出の許可を得るたびに息子さんに会いに行っていた彼女を、そこから引き離さなくて済んだ。弁護士として、依頼者である彼女のために最善を尽くした結果として、彼女も、あるいはその家族のことも少しは助けられたのかもしれないという小さな安堵感があった。

3 「悩み」から目を背けない

刑事事件の弁護人は、あくまで「依頼者の利益」を最大化するための存在であり、弁護活動で結果を出すことがすべてだ。依頼者に反省を促すとか、依頼者の価値観に干渉することが役割ではない。

このことは、どれだけ重大な事件であっても、複雑な背景がある事件であっても何も変わりはない。あくまで加害者として刑事訴追を受けようとしている依頼者の利益のために尽力するのが私たちの使命である。

しかし、家庭内での重大事件では、私たちのところに直接相談に来るのは「被害者遺族でありながら加害者家族である」という人も少なくない。被害者の境遇に思い入れを持たずにはいられない事件、簡単には割り切れない背景事情がある複雑な事件を担当することもある。そういった事件では、自分の中で葛藤を抱えながら弁護をすることもある。依頼者の利益を最大化するという目的の中で、その事件の背景をどのように法廷で表現するかを思い悩むことも少なくない。

しかし、そのような悩みや葛藤も含めて、私は刑事弁護という仕事にやりがいを感じている。この「悩み」や「葛藤」に目を背けては、十分な弁護活動はできないと思っている。京都に支所を立ち上げ、弁護士会を移籍した今でも、変わらない気持ちで刑事事件に取り組んでいる。

人の人生の中で最もつらい思いをする場面、法が家庭に介入する究極の場面に立ち会って、そこで自分にしかできない役割を果たすということに責任を感じながら、これからも怯《ひる》まずに事件と向き合っていきたい。

⑫ 子どもをサポートする仕事

西野優花

はじめに

現在、一次保護所や児童養護施設は定員超過状態にあるところが大多数です。多くの要保護児童が支援を必要としています。私は弁護士として離婚事件を扱うことも多いのですが、その中でも、両親別居や一人親家庭では特に新型コロナウイルスの流行による影響を受けた経済停滞の中で、現実的に子どもを育てることができなくなり、子どもを施設入所させざるを得ないケースが増えているように感じます。朝から晩まで働かなければ生活が成り立たない、しかし働く間に子どもを預ける先がない、そんなケースです。経済問題、労働問題、福祉・教育の受け皿の問題と、社会的課題は山積しています。

この文章を書いている現在、私は弁護士五年目を迎えようとしています。

いわゆる「町弁」と呼ばれる業務を主軸にしている中、離婚・相続といった家族に関する相談を受ける機会が比較的多くあります。家族にまつわる案件の多くは、法律だけでは割り切れないことが大勢で、日々悩みながら業務を行っています。

そのような私の弁護士業務の中で、ひときわ特色を有しているのが「子ども」にまつわる業務です。子どもに関する案件を専門的に扱う弁護士の数は、実はとても少ないのが実情です。このため、少数の弁護士に対し、子どもに関するあらゆる案件が集まってきます。近年「スクールロイヤー」制度が話題となり、ニュースや新聞で学校法務に携わる弁護士の姿がクローズアップされましたが、学校法務以外にも子ども分野の案件は存在します。

私は東京弁護士会の「子どもの人権と少年法に関する特別委員会」、通称「子ども委員会」に所属しています。子ども委員会は、虐待・貧困をはじめとした児童相談所周りを主軸とする「福祉部会」、学校法務を扱う「学校部会」、刑事少年事件を扱う「少年部会」、電話及び面接相談の運営を行う「センター運営部会」に分かれており、私は同委員会の中では、「福祉部会」で主に活動しています。

ここでは、私が経験したケースをご紹介しながら、子どもに関する法の現状をお伝えしたいと思います。

1　子ども担当弁護士

弁護士二年目のとき、自立援助ホームに入所することになった一九歳の大輔さん（仮名）とホームで初めて面談しました。彼の「コタン」になる手続きをするためです。私にとっての初めての「コタン」

活動でした。

「子ども担当弁護士」通称「コタン」は、児童養護施設、自立援助ホームといった施設に子どもが入所した後、各子どもに担当の弁護士がつくという制度です。子ども担当弁護士は、親や学校との調整をしたり、子どもからの日々の相談を受けたり、子どもたちが安心して生活し社会に巣立っていけるようサポートをします。特に施設入所の大部分を占める虐待事案では、親があらゆる手段を使って子どもの居場所を突き止めようとするほか、「(子どもを) 返してくれないのであれば、本人に荷物は渡さない、学費は出さない」などと言うことも多いため、慎重な対応が必要となります。

大輔さんの家庭では、父親による家庭内暴力がありました。関係機関の介入で、大輔さんは自立援助ホーム (月三万円程度の寮費をホームに入れ、自立を目指す施設。入居者は主に一〇代後半) に入所することになりました。

児童福祉法上、一時保護 (三三条) や施設入所措置 (二七条) の対象になる「児童とは、満一八歳に満たない者をい」うとされており (四条)、児童相談所が積極的に関与する子どもは原則一八歳未満の子に限られているのが実情です。しかしながら、二〇二二年三月以前まで、成人年齢は二〇歳とされているため、一八歳及び一九歳の子は、単独で契約行為ができない制限行為能力者でありながら、児童相談所の関与がなくなってしまう事態が生じます。いわゆる「一八歳の壁」と言われる問題です。二〇二二年四月から、成人年齢が一八歳となり問題状況は解消する見込みですが、現在も制度の狭間に落ち込んでしまう例が一定数あります。ただ、一八歳未満の時点で児相が関与しているなど必要性がある場合には自立のための支援（三三条の六）が行われるケースが多く、一九歳の大輔さんにも担当児童福祉司がついていました。児童福祉司は、児童相談所が関与する子どもや家庭の環境調整をする職員です。虐待が疑われる家庭や、支援を必要としている家庭を訪問し、当事者から話を聞き、必要な場合には指導（「つかさ」指導と言います）や介入をします。一時保護の受け入れ先施設を探して奔走し、学校との調整を行ってくれることもあります。しかしながら、近年、児童福祉司が担当するケース数は増加傾向にあり、各児童福祉司は多忙を極めています。

大輔さんは黒髪でこざっぱりした短めの髪型、細身で眼鏡をかけており、初めて会ったときの印象はとにかく「おとなしい男の子」でした。入所の経緯などを聞けば答えてくれるものの、「どうしたい」と強く表明することもなく、もじもじとして受け身がちでした。話しかけると、ゆっくりゆっくり考えてから、しばらくたって回答が返ってきます。表情の起伏はあまりなく、終始少し困ったような微笑を湛《たた》えていました。

その後は月一回程度のペースで様子を見に行ったり、一緒に食事に出掛けたりしました。徐々に日々の生活のことなどを話してくれるようになりましたが、私への頼みごとや、相談というものはほとんどありませんでした。すでに就労しており寮費滞納もなく、担当児童としては「全く手のかからない良い子」だったのですが、他の弁護士からは、彼らが担当しているケースについて「数日置きに会いにきてくれと連絡が来る」「（精神疾患などで）急に受け入れてくれる病院を探さなければならなくなり、親の同意もとれず大変だった」などと聞いていたので、拍子抜けというか、やることもなく、特に本人から相談がないことについては、私が頼りにならなそうだからなのかと正直悩みました。普段の生活は施設の職員たちが見てくれているので、彼らに比べるとスポット的な関わりしかない弁護士は、生活に密着した存在ではありません。悶々《もんもん》としながら時が過ぎました。

初めて彼と会ってから約一年がたち、成人した彼は自立援助ホームを卒業しました。施設職員と一緒に卒業祝いの食事会をし、彼は笑顔で巣立って行きました。

その後、私はコタンのほかに、子ども本人の代理人として活動する訴訟や、学校事故、いじめ重大事態において子どもの意見を伝える事件を複数経験し、それなりに結果を出して依頼者にも感謝してもらえたと思っています。しかし今も気になってやまないのが大輔さんのことです。何か力になれたのだろうか、もっとこまめに連絡を取ってあげるなどして踏み込んで関わってあげるべきだったのではないかと、思いは尽きません。

2　未成年後見

二〇二〇年、子ども委員会でお世話になっている先輩弁護士から、「未成年後見人を引き受けてくれないか」と打診がありました。聞いてみると、本人はまだ五歳の女の子だということでした。先輩弁護士は「先が長いから、若い人のほうがいいと思うんだ」と私に言いました。そうなのです、今五歳ということは成人まで約一三年間業務が続くことになります。気の長い話に一瞬たじろぎましたが、結局私は未成年後見人になることを引き受けました。

麻衣ちゃん（仮名）は、出生届が出された際に父親欄の記入がなく、当初からシングルマザーの母親に育てられました。しかし母親が亡くなり、その翌年、麻衣ちゃんの引き取りを希望していた母方の祖父が、さらに一年半後に祖母が相次いで亡くなりました。遠縁の親戚は存命だったものの高齢で、彼女は天涯孤独に近い状態になりました。

幸いにも手厚い児童養護施設に入所することができましたが、主に相続関係の処理を行う必要がありました。いかんせん五歳の子どもでは手続きを行うことができないため、未成年後見人をという話になったのでした。

裁判所の調査官による面接の日、私は児童本人と初めて面会しました。元気いっぱいといった様子の女の子で、好きなキャラクターや、将来の夢などを教えてくれました。最初はたどたどしかったものの、慣れてくると絵本を持ってきて最初のページから最後のページまで延々と解説してくれるなど、自分にお客さんが来たことを喜んでくれているようでした。何か困ったことがないかと尋ねると、「みんながいなくなっちゃうとさみしい」という答えが返ってきて、不覚にも涙が出そうになりました。

後見業務には「身上監護」「財産管理」の二つの業務があります。未成年者本人の財産管理に加え、どこに居住し、どのような生活をし、どのような教育を受けるのか、仕事をするのか、あらゆる重要事項に関する判断をしなければなりません。すなわち、親権者とほぼ同内容、しかし通常の親権者よりも高い注意義務を負うことになります。通常「親の同意」が必要な事項について、同意権を有していると言えばわかりやすいでしょうか。未成年後見の場合には、本人を適切に監護できる親族がいないケースが圧倒的多数です。おのずと「身上監護」の比重が大きくなります。入学式や卒業式、保護者会に出席する後見人もいますが、弁護士業務を行う我々専門職後見人が、食事を用意し、教育をし、寝かしつけをする、といった日々の「身上監護」を直接行うことは現実的でなく、児童養護施設との連携を取りながら業務を行う必要があります。幸いなことに、麻衣ちゃんは熱心なスタッフばかりの施設に入所していますが、私も今後できる限りの関わりをしていきたいと思っています。

未成年後見が開始した子について、成人まで後見が継続するケースもあれば、婚姻や養子縁組の成立で終了するケースもあります。

実親との法的関係を残さない特別養子縁組について、従前六歳未満の児童が対象だったところ、二〇二〇年四月の法改正により、原則一五歳未満、例外的に一八歳未満であれば縁組が可能となりました。児童相談所の職員と話をしていた際にも、一八歳未満となったことにより、適切な縁組成立数の増加が期待できると聞きました。養子縁組をするという決断は、引き取る側にとっても、子ども自身にとっても、一朝一夕にできるものではありません。一度は引き取りを希望していた養親候補者が翻意することも珍しくありませんし、小さいながら子ども自身が反対の意思を表明することもあります。六歳になるまでに決断しなければならないという時間的制約は、タイミングを逃し縁組できなくなってしまったという事案や、焦って縁組したもののうまくいかなかったという事案を多数生み出していました。今回の改正で、適切なマッチングによる特別養子縁組の成立事案が増えるとよいと思います。

麻衣ちゃんにとって遺産である祖父母の自宅の様子を確認しに行ったところ、室内には麻衣ちゃんの母親と、祖父の遺影がありました。彼女を引き取るつもりで準備を進め、施設へも頻繁に面会に訪れていたという祖父母の家には、麻衣ちゃんのためのおもちゃが沢山ありました。彼女を残してこの世を去ったことは、きっと心残りだったと思います。遺影の前で手を合わせ、できる限りのことをしようと心に誓いました。

3　結びにあたり

平成二八年（二〇一六年）の児童福祉法改正により、都道府県及び政令指定都市に加え、特別区が独自に児童相談所を設置することが可能となりました。世田谷区、江戸川区、荒川区、港区で新規に児相が開設され、二〇二二年には中野区においても設置が予定されています。当初二二区が開設を予定していましたが、財源や人材の確保に課題があり、延期する自治体が相次いでいます。

一気に社会構造を変えることはできませんが、読者の方々が、子ども分野、福祉分野に関心を持ち、手を差し伸べてくれることがあれば幸甚です。また、私自身、子どもに関わる一つひとつの業務について、じっくりと時間をかけて取り組むことを心に留め、今後の指針としたいと思います。

⑬「セックスワークにも給付金を」訴訟
——職業スティグマに立ち向かう

三宅千晶

1 「セックスワークにも給付金を」訴訟提起前夜

二〇二〇年七月九日。弁護士の有志で実施している研究会のメンバーであるT弁護士から、「『持続化給付金』等に関する行政関係訴訟の弁護団結成のご相談」と題するメールが届いた。デリヘル事業者を原告として、持続化給付金をめぐる訴訟を提起するため、弁護団を結成したいという誘いであった。

T弁護士からのメールには、無店舗型ファッションヘルス(注1)として風営法上の届出を行い事業を営んでいるFU-KENさん(仮名)からの相談内容が転載されていた。

「はじめまして。美術手帖の記事を見て、T先生が行政関係や憲法問題を取り扱っていらっしゃると知り、ご連絡させていただきました。国に対しての訴訟を考えている者です。株式会社AのFU-KENと申します。

現在、訴訟を起こすかどうか、そしてどの弁護士に依頼するかを考えており、ご相談させていただきたくメールをいたしました（略）。

私は無店舗型性風俗店（いわゆるデリヘル）を経営してX年目になります。警察に性風俗関連特殊営業の届け出をしており、法人化し、正しく納税をして、反社会的勢力とも関わりなく経営をしてきました。

そして、このたびの新型コロナにおける国からの支援について、性風俗関連特殊営業の届け出をしている事業者が除外されている現状があり、国に対して変更を求める活動をしています。（略）

現状では、国の政策によって、特定の業種への偏見が助長されていると感じています（略）。なにより、この政府の決定が正しいものかどうかを知りたいです。」

FU-KENさんの丁寧な文章は、誠実さと、国の不正義に対する強い憤りとが、ひしひしと伝わってくるものであった。そして、この一人の事業者の、性を扱う仕事とは何か、そして差別とは何かという訴えは、大きく声をあげて、社会に問題提起すべきものだと感じた。

しかし正直なところ私は、私が役に立つのか、私が手を挙げていいのかという迷いがあった。

ただ、T弁護士からのメールの文面から、私にはこの件に役立つのではないかと思い当たる団体があった。それが、CALL 4。（注2）「社会問題の解決を目指す訴訟」に特化したウェブプラットフォームである。そこで私は、自分が弁護団に加入するかはさておき、CALL 4を立ち上げたI弁護士と、同じ事務所のF弁護士に声をかけるとT弁護士に返事をした。

最終的に私も参加し、研究会のD弁護士、F弁護士、I弁護士に加え、K弁護士も加入し、T弁護団長のもと、持続化給付金訴訟弁護団が結成された。

さらに、所属するキャストに危害が及ぶのを防ぐため、表には出ないと決めたFU-KENさんの代わりに、要友紀子さんをはじめとするSWASH(注3)のメンバーや、ナイト産業を守ろうの会(注4)の佐藤真氏らが、サポーターとして協力してくれることになった。

そして、二〇二〇年八月初旬。ついに、持続化給付金訴訟が動き始めた。

訴訟提起前、弁護団はFU-KENさんの事務所も視察した。FU-KENさん自身が元キャストだということもあるのだろうか、入り口から備品(下着やコスチューム等)の管理BOX、指導書や身を守るために気をつけるべき事項が記載された用紙に至るまで、端々にキャストに対する細かな気配りが溢れていた。キャストを搾取し、食い物にするような事業者ではない、明らかに、国が守るべき対象となる事業者の一つであった。

(注1) 「風俗営業」には大きく分けて二種類あり、一つはキャバクラやホストクラブを含む「接待飲食等営業」、もう一つがいわゆる性風俗店の「性風俗関連特殊営業」である。
(注2) CALL 4のウェブサイト(https://www.call 4.jp)
(注3) SWASH(Sex Work and Sexual Health)とは、主にセックスワーカーとして働く人たちが安全・

健康に働けることを目指して活動しているグループで、セックスワーカーとそのサポーターで構成されている（https://swashweb.net）。

（注4）　ナイト産業を守ろうの会とは、国や地方自治体に対してナイト産業の権利、自由を求める陳情、陳述の提出などを行っている団体である（https://n-p-c-2020.crayonsite.info）。

2　なぜ、デリヘル事業者には、給付金が支給されないのか？

性風俗関連特殊営業等を行う事業者が、持続化給付金の支給対象から外された理由を考えるにあたって、まずは、持続化給付金をめぐる政府の動きを概観したい。

〔二〇二〇年三月一三日〕新型インフルエンザ等対策特別措置法を改正

〔四月七日〕安倍総理大臣（当時・肩書につき以下同じ）は、七都府県を対象区域として緊急事態宣言を公示。同時に政府は、新型コロナウイルス感染症緊急経済対策を閣議決定。政府は、新型コロナウイルス感染症が、「経済に甚大な影響をもたらして」いるという現状認識に基づいて、「雇用の維持と事業の継続のための支援の更なる強化」を打ち出し、目玉として創設されたのが、持続化給付金(注5)であった。

（注5）　新型コロナウイルス関連助成金の中には、従業員の雇用を維持するための「雇用調整助成金」や、一斉休校の影響を受けた保護者を支援する「小学校休業等対応助成金」もある。これらの助成金につ

いて、国は当初、性風俗関連特殊営業等事業者を「公金を投じるのにふさわしくない」として持続化給付金と同様、支援から除外していた。しかし四月には運用の見直しがなされ、性風俗関連特殊営業等事業者についても助成対象となった。

〔四月二八日〕安倍総理大臣は、衆議院本会議で、「事業者の皆様への支援については、まず、御指摘の持続化給付金によって、中堅・中小企業には二百万円、フリーランスを含む個人事業者には百万円を上限に、自粛要請等により休業を余儀なくされた方々を始め、売上げが大きく減少した事業者を業種にかかわりなく幅広く支援していきます」と持続化給付金の趣旨を説明し、同日の参議院本会議でも同趣旨の答弁

〔四月三〇日〕「新型コロナウイルス感染症対策中小企業等持続化給付金の支払の臨時特例に関する政令」（令和二年政令第一五八号）が公布、施行

〔五月一日〕持続化給付金の申請受付が開始。ところが、政令の具体的な実施条件である持続化給付金給付規程（中小法人等向け・個人事業者等向け）によると、「風俗営業等の規制及び業務の適正化等に関する法律に規定する『性風俗関連特殊営業』、当該営業に係る『接客業務受託営業』を行う事業者」については、持続化給付金は「不支給」に。(注6)「業種にかかわりなく」支援するという内閣総理大臣答弁は、反故《ほご》にされてしまったのである。

では、なぜ性風俗関連特殊営業等を行う事業者は除外されてしまったのか。その後の国会答弁に目を向けると、いくつかその理由めいたものが見られる。

〔注6〕　持続化給付金給付規程〔個人事業者等向け〕八条一項二号、同〔中小法人等向け〕八条一項三号、家賃支援給付金給付規程〔個人事業者等向け〕九条一項二号、同〔中小法人等向け〕、九条一項三号において、「風俗営業等の規制及び業務の適正化等に関する法律に規定する『性風俗関連特殊営業』、当該営業に係る『接客業務受託営業』を行う事業者」が除外されている。なお、性風俗関連特殊営業及び接客業務受託営業については、SWASH編『セックスワーク・スタディーズ――当事者視点で考える性と労働』（二〇一八、日本評論社）が詳しい。

〔五月一四日〕「ソープランドとかデリヘルとかテレクラといった性風俗関連特殊営業といった業態がございます。こちらは風営法で極めて厳しい規制が掛かっておりまして、社会通念上、公的資金による支援対象とすることに国民の理解が得られにくいのではないかということで、災害対応も含めてこれまで一貫して公的な金融支援や国の補助制度の対象外としてきたことを踏襲して、今回の持続化給付金でも対象外としているところでございます。」（奈須野太中小企業庁事業環境部長、参議院厚生労働委員会）

〔五月二二日〕「風営法上の性風俗関連特殊営業等については、災害対応も含めて、これまで一貫して

公的金融支援や国の補助制度の対象とされてこなかったことを今は踏襲している。」（梶山弘志国務大臣、衆議院経済産業委員会）

〔六月八日〕「性風俗関連特殊営業等については、災害時の各種支援も含めて、過去の国などによる補助制度において対象としていなかったことなどから、今般の給付金においても対象から除外させていただいた。」（安倍総理大臣、参議院本会議）

3　国による、性風俗関連特殊営業を営む事業者に対する差別

最終的に国は、農業・漁業・製造業・飲食業・小売業・作家・俳優業といった、幅広い業種に持続化給付金及び家賃支援給付金を給付する一方、性風俗関連特殊営業等事業者にはこれを給付しないことに決め、「除外規定」を設けた。

今回の両給付金事業は、コロナの影響で深刻なダメージを受けている全事業者に対する経済対策を主たる目的とするものであるから、特定の事業を支給の対象から外すことについては、違憲の疑いがある。性風俗関連特殊営業を営む事業も、他の事業と同じ「職業」の一つであり、さらにFU-KENさんの会社は、適法な手続きを経て営業しており、暴力団とも関係のない、極めてクリーンな事業者であって、他の事業者と何ら異なることはない。したがって、特定の事業者を「除外」した国の対応は、明らかに違憲、すなわち国自身が守るべき憲法に違反している。

日本国憲法第一四条一項は、「すべて国民は、法の下に平等であつて、人種、信条、性別、社会的身分又は門地により、政治的、経済的又は社会的関係において、差別されない。」と定めている。そして、最高裁判所は、憲法一四条一項は「事柄の性質に応じた合理的な根拠に基づくものでない限り、法的な差別的取扱いを禁止する趣旨のものである」と判断している。(注7) つまり、合理的な根拠のない差別的取り扱いは、憲法一四条一項に反し、違憲となる。

持続化給付金及び家賃支援給付金は、贈与契約の方式で行われている。これは、講学上、給付行政の一種とされており、基本的には国の裁量に委ねられていると解される。しかし、だからといって国が、給付する相手や金額などを完全に自由に決定できるわけではない。公益的な観点からの制約が存在し、合理性のない差別を行うことはやはり平等原則違反（つまり違憲）となる。(注8)

国が性風俗事業者を差別すれば、性風俗事業者は差別されて仕方がない、というスティグマ(注9)を国民に植え付けることになる。そうなれば国民感情を変えるのは難しい。国による性風俗事業者に対する差別は、国民による性風俗事業者に対する差別を助長する危険をも孕《はら》んでいるのである。

そもそも「職業」とは、「人が自己の生計を維持するためにする継続的活動であるとともに、分業社会においては、これを通じて社会の存続と発展に寄与する社会的機能分担の活動たる性質を有し、各人が自己のもつ個性を全うすべき場として、個人の人格的価値とも不可分の関連を有するものである。(注10)」とされる。つまり、人は、職業を通じて人格的価値を実現しながら生きているのである。そのような重要な価値のある職業に基づいて差別がなされるということはすなわち、個人の人格的価値をも棄損する行為でもある。

（注7）　最大決平成二五年九月四日民集六七巻六号

（注8）　碓井光明『公的資金助成法精義』（信山社、二〇〇七年）

（注9）　スティグマとは元々はギリシャ語で、奴隷・犯罪者・謀反人など異常ないし悪いところのある人びとを区別して示すため身体に刻印された徴を意味する言葉である。社会学者のアーヴィング・ゴッフマンは、スティグマを価値剥奪されたアイデンティティをもたらす属性であり、これを持つことで望ましくないものとして他人から蔑視や不信を受け、社会から十分に受け入れられる資格を奪うものであると定義する。

（注10）　最大判昭和五〇年四月三〇日民集二九巻四号

4　性風俗関連特殊営業は「いかがわしい」のか？

国は、性風俗関連特殊営業を営む事業者への支給が、社会通念上、国民の理解が得られにくいとするが、その実は、国自身が性風俗関連特殊営業を「いかがわしい」職業だと考えているからにほかならない。

では、そのいかがわしさはどこから来るのか。蔭山信『注解風営法Ⅰ』（東京法令出版、平成二〇年）は、いかがわしさのゆえんを、性は売り物にしてはいけないという道徳律、すなわち、「我が国民法の採用する一夫一婦制との関係」にあるとする。言ってしまえば、許されるのは婚姻関係にある者の間での性行為のみということである。さらに、性風俗関連特殊営業は女性を搾取しているというステレオタイプな考え方も、いかがわしさを支える背景にあるように思う。

性や生のあり方が多様化する現代社会において、前近代的な道徳律をいつまでも維持する必要はない。他方で、性風俗関連特殊営業を営む事業者やそこで働く人々が、アンダーグラウンドに追いやられていることも、性風俗業＝いかがわしいという烙印《らくいん》を押され続けている原因の一つであると思う。そこで我々が訴訟と並行して取り組んでいるのが、次に紹介する運動である。

5　クラウドファンディングと「セックスワークisワーク」運動

「セックスワークにも給付金を」訴訟に関しては、主に憲法、行政法学者に依頼する意見書の作成費用、セックスワークisワークの活動を伝えるためのイベント開催・広報費用、交通費、そして訴訟費用や弁護士費用など、訴訟にかかる費用を集めるために、二〇二〇年八月二七日から一一月二四日までの間、CALL 4を通じてクラウドファンディングを行った。当初は三〇〇万円の目標だったが、最終的には七九〇名のサポーターの皆さんから、六一四万三三〇〇円もの支援金と、沢山の応援メッセージをいただくことができた。可能であれば一人ひとり握手をしてお礼をしたいくらい感佩《かんぱい》しているし、こんなに多くの方が、この訴訟を見守り応援してくれているのだと知って、「どんなに厳しい訴訟になったとしても、「頑張ろう」と決意も新たになった。

さらにこの間、主にK弁護士やサポーターの皆さんが中心となり、CALL 4のイベント(セックスワーク study)、Choose Life Project、猫町倶楽部読書会、AbemaTV、clubhouseなどで開催された多くのイベントに出演し、あるいは共同通信、朝日新聞、AERA、NHK、報道ステーション、TBS NEWS、ジャパンタイムズなどの取材に対応して下さった。その目的は、「セックスワークisワーク」、すなわちセックスワークはいかがわしいものではないことを、多くの方に認識してもらいたい、というところにある。

訴訟や「セックスワークisワーク」運動に賛同し、応援・協力してくれる皆様、そして取り上げて下さるマスコミの方々に対しても感謝を忘れず、長期戦となるであろう訴訟を闘っていきたいと思う。

6 FU–KENさんの想い

二〇二〇年九月二三日。私たち弁護団は、東京地方裁判所に訴訟提起し、記者会見を行った。私は、会場に来られないFU–KENさんに代わり、セックスワーカーのシンボルマークである赤い傘のワッペンを身につけて、FU–KENさんのメッセージを読み上げた。

「性風俗業は古くから産業として存在し、多くの人が働いています。バブル崩壊後の景気悪化につれて性風俗業界も厳しくなっていると聞いていましたが、今回の新型コロナ感染拡大で一気に危機的な状況になりました。

私の店を例に挙げると、今年三月から売上げが減り始め、四月には緊急事態宣言に基づく休業要請を受けて休業したこともあり、売上げは八割以上減りました。

休業の判断はとても悩みました。

これまで性風俗店は対象外だった雇用調整助成金が今回は対象になったり、小学校休業等対応助成金も対象になったので、持続化給付金も対象になるのではないかと考え、また、万が一、店のスタッフやお客さんに感染者を出してしまっては悔やんでも悔みきれないと思い、断腸の思いで休業を決断しました。

それだけに、持続化給付金については性風俗店は対象外と知ったときのショックは大きかったです。対象外となった理由は、『社会通念上、公的資金による支援対象とすることに国民の理解が得られにくい』とのことですが、なぜ『国民の理解が得られにくい』のか、これまでの国の取り扱いが本当に正しかったことなのか、わかりません。このような曖昧な説明では、国が性風俗業で働く人の尊厳を無視しているように感じます。

差別や偏見のない社会を目指すことは、国が率先して取り組むべきことだと思います。世間の偏見や差別感情、スティグマを国が助長させるようなことをしてはいけないと思います。これまで国が、性風俗業について曖昧な扱いをしてきたから説明ができないのだと想像します。きちんと向き合ってほしいです。

今回の訴訟で、この職業に対して偏見を持つ人が減ったり、職業差別についての意識が変わったりすると嬉しいです。

そして、性風俗に関連する風営法などが、そこで働く人たちの安全を重視したものに変わる足掛かりになればとも願います。」

7 答弁書における国の主張

「セックスワークにも給付金を」訴訟の第一回口頭弁論期日は、二〇二一年四月一五日（木）一五時から、東京地方裁判所の一〇三号法廷で行われた。同期日に先立って国が提出してきた準備書面には、次のような記載があった。

「本件両除外規定により、給付金の給付対象外とされた性風俗関連特殊営業は、（略）その性格上、性を売り物とする本質的に不健全な営業であって、社会一般の道徳観念にも反するものとされており、そのことは国会答弁や裁判例においても繰り返し示されてきたとおりである。このような性風俗関連特殊営業に対し、国庫からの支出により、事業の継続ないし再起を目的とした給付金を支給することは、国民の理解を得ることが困難である。」「このように本件両除外規定により、風営法に規定される性風俗関連特殊営業を営む事業者を給付の対象外としたことは、合理的な根拠に基づく区別ということができる。」（被告国・答弁書二二〜二三頁）。

国は、真正面から、性風俗関連特殊営業を営む事業者の存在自体を否定するかのような、あからさまな「差別的」主張を行ったのである。これに対して、新聞や週刊誌、TwitterなどのSNS、Yahooニュースのコメント欄には、数多くの批判の声が上がった。

そもそも、国が私たち国民の理解を語るなど、どうしてできるのだろうか。私たちはこれまで国から、「性風俗関連特殊営業を営む事業者を給付の対象外」とすることの是非について、一度も尋ねられたことはない。「給付をやめろ」とデモなどが起きているのを見たこともない。それなのに、国が私たちの代弁者のような顔をして、「私たちの理解」を語ることなど、できるはずはないのである。私は、今回の国の主張から、国は、私たち個人の自由や国家権力に対する反抗を弾圧し、国家主義的な方向へ舵《かじ》を切ってしまったのだと感じ、極めて強い危機感を抱いている。その意味でも、今回の訴訟は、絶対に負けることはできない。

8　法廷での FU-KEN さんの意見陳述

FU-KEN さん自身も、今回の国の主張を受けて、あることを決意した。会社に所属するキャストに初めて状況を告白し、応援を得て、法廷に立つことに決めたのである。FU-KEN さんは法廷の真ん中で、目に涙をため、声を震わせながら、次のように語った。

「そのとき私は未来が真っ暗に思えました。そして孤独でした。まるで、嵐の中、性風俗業の者だけが裸で外に追い出されたように感じました。国の説明によると、そうするのが当たり前かのようでした。『普通とは違う職業だ』『あってはいけない職業だ』『潰れたところで誰も困らない』『救う価値のない職業だ』『そんな職業を選んだやつが悪い』と国から言われているようで、涙が出ました。今でも、そのことを考えると涙が出ます。悲しいとか腹が立つとかだけでなく、傷付いたのだと思います」

「性風俗業は合法に社会の中に存在するのに、社会の外の存在だという扱いを受け続けています。しかもそれが当たり前になっています。さらには、それを国が主導しているのです。とてもおかしいと思います」

裁判官は、法廷での彼女の様子を見て、何を思ったのだろうか。少なくとも、清水知恵子裁判長は、意見陳述中のFU-KENさんから目を逸《そ》らすことはなかった。

闘いはまだまだ続く。裁判官が、正義にかなった正しい判断を行うことができるよう、弁護団はこれからも、学者の先生方の力も借りながら、正しい主張を積み重ねていかなければならない。FU-KENさんの意見陳述と、彼女を見つめる裁判長を見て、私は改めて、そう誓った。

（注11）CALL4の「セックスワークにも給付金を」訴訟のケースページでは、原告・被告双方が提出した準備書面や証拠、FU-KENさんの陳述書のほか、支援者の方々のコメントを閲覧することができる。

また、本訴訟のストーリーページでは、FU-KENさんや支援者のストーリーを読むこともできる。こちらもぜひご覧いただけると有り難く思う。

14 誤認逮捕
——冤罪事件に立ち向かった一九日間

齊藤裕也

あれは忘れもしない二〇一五年三月九日月曜日午前一一時前後のことだった。休み明けでまだ仕事に身が入らないなか、いつものように事務所で仕事をしていた私の携帯電話に高杉（仮称）から着信があった。

「先生、助けて!!」

1 高杉との出会い

この電話のちょうど二年ほど前、私は、新宿歌舞伎町の路上で車のサイドミラーを手拳で破損したという被疑事実で逮捕・勾留されたという男と留置場で接見した。それが高杉だった。

その日は、たまたま当番弁護士(注1)の待機日で、弁護士会から接見要請を受けての対応だった。その事件は、無事に被害者との示談が成立して不起訴になったが、それ以降、高杉は、何かと私を頼るようになった。当時付き合っていた彼女の桐谷さん（仮称）と喧嘩をして傷害容疑で逮捕された際は、桐谷さんとの示談のみならず復縁まで私が間を取り持った。その後しばらくして今度は桐谷さんが事件に巻き込まれ、その件でも私が対応するなど、二人とは何かと縁があった。

このようなトラブル対応などを通じて、高杉と桐谷さんは私に信頼を寄せるようになり、いつしか互いに気の許せる相手になっていた。

（注1）当番弁護士制度とは、逮捕された人から弁護士会に弁護人選任の要請があった場合に、弁護士会がその日に待機している当番弁護士を直ちに派遣し、初回の接見を無料で実施する制度である。

2　逮捕

「先生、助けて‼」

必死に私の助けを求める高杉の悲痛な叫び声に私は驚いた。

「どうした？　何があったの、今どこ？」「何が起きているのか自分にもわからないんです。今家にいて、玄関の外に新宿警察が来てるんです」「家にいるって新宿の？」「いえ、今は千葉にいて、家の外で警察がドアを開けないと鍵ぶっ壊すって言ってます、出て行ったほうがいいんでしょうか？」「何で千葉に新宿警察が来るの、最近新宿でまた何かやらかしたの？」「いや、自分でも色々思い出そうとしているんですけど、何も心当たりがないんです。…最近は歌舞伎にも行ってないし、どうしたらいいんですか？」

高杉にそのまま電話をつないだ状態でドアを開けるよう指示した矢先であった。電話口の向こうで「ガチャガチャ…ガシャン!!」という大きな物音が鳴り響いた。その直後「テメェ、高杉、無視してんじゃねぇ！ 新宿警察ナメんなよ!! コラ！」

まるで仁侠《にんきょう》映画を見ているかのような迫力だった。電話口の向こうで今まさに警察が数人で部屋の中に押し入ってくる様子が伝わってきた。

「え、え、なんなんですか、なんの件ですか？」

怯む高杉の声に私も緊張していた。思わず電話を握る右手にも力が入った。「強盗だよ！ 強盗！ 逮捕だ！ わかってんだろ！」「ちょ、ちょっと待ってください、まったく心当たりないんですけど…」「うるせー、話は署で聞くからオモテに出ろ」「ん？ お前、それ何だ、携帯か？ 誰と電話してんだ？ 早く切れ」（ゴソゴソ）「やめてください！」（ゴソゴソ）「あ！」（ブチッ、ツー、ツー）

高杉が逮捕された瞬間だった。あまりの警察の迫力に私も高杉のことが心配になる一方、「新宿警察」と聞いて、「また高杉が何かやらかしたのだろう、新宿警察なら事務所から近いから連絡が来たら会いに行ってみよう」とあまり深く考えずに留置場からの連絡を待つことにした。まさか高杉がこのとき冤罪事件に巻き込まれたことなど想像もしていなかった。

3　接見

その日の夕方頃、新宿警察署の留置係から電話が入った。「新宿警察の留置係です。先生への接見要請ですが、高杉という方をご存知ですか?」。私は「来たな」と思い、「はい。今日の逮捕の件ですね。これから接見に伺います」と言って、そのまま新宿警察署に向かった。私は、普段刑事事件をあまり取り扱っていないため、新宿警察署に行くのは久しぶりだった。

「ガチャン」。アクリル板の向こう側で重厚な扉が開き、高杉が入ってきた。

当時の高杉は三〇代半ば、身長一八〇センチ弱、身体つきはがっちりした大柄な男で、上下グレーのスウェットを着ていた。顔は彫りが深く、黒髪の坊主で、さながら夜の街「歌舞伎町」で威勢を張る「ヤカラ」かイカつい客引きにしか見えなかった。

「先生…おれ何もやってない…信じてほしい…」

普段は底抜けに明るい高杉が、涙をこぼしながら、消え入るような声で私に訴えてきた。

高杉は、暴行・傷害など粗暴犯といわれる前科・前歴を複数持っていた。これに見た目のイカつさも加わるため、まったく関係性がなければ「本当は何かやっているんじゃないか?」と疑いの目を向けたかもしれない。しかし、高杉は少なくとも私には嘘をつかない。そう信じることができるだけの人間関係(信頼関係)があった。

私は、高杉を必死で励まし、高杉とともに事件を一つひとつ検証していくことにした。

4 困難なアリバイ立証

高杉の話によると逮捕状に記載された被疑事実はこうだ。「平成二六年六月二六日午後一〇時ころ、東京都新宿区歌舞伎町路上において、被疑者ほか氏名不詳の二名とともに、声をかけてきた被害者男性の態度が気にくわなかったため、これに暴行を加え、同被害者から現金の入った財布を奪取した」というものだった。(注2)

罪名は「強盗致傷」(刑法二四〇条)、法定刑の下限が「六年以上」の重大犯罪である。これは参った。前科前歴を有する高杉が有罪になれば実刑は免れない。私はこの男の人生を一身に背負った気がした。

「九か月も前に起きた事件のようですね。この日、高杉さんは何をしていたか覚えていますか?」。責任の重大さに押しつぶされそうになりながらも、私はあくまでも平静を装い、高杉に問いかけた。

「九か月も前のことを思い出せって言われても無茶ですよ。その時期はもう千葉に引っ越していましたけど、歌舞伎にはちょくちょく遊びに行っていましたし、だから、その日も歌舞伎にいたかもしれない…どうしましょう」

そう、九か月も前の日に自分がどこで何をしていたかなど思い出せないことのほうが普通である。これは相当難しい事件になるかもしれない。私の脳裏に一抹の不安がよぎった。高杉は間違いなく勾留される。明日(三月一〇日)勾留請求されれば勾留の満期、つまり高杉の起訴・不起訴が決まる日は三月二九日だ。この日は日曜日だから決裁は二七日金曜日。それまでに高杉の事件当日のアリバイを証明できる客観的な証拠を集めるしかない。

私は、まず高杉のＳＵＩＣＡカード履歴に着目した。当時から千葉に住んでいた高杉は、新宿まで電車を利用したはずだ。この情報を見れば事件当日に高杉が歌舞伎町に行ったかどうかがわかるかもしれない。しかしその後の調査で、二六週間を超えた履歴は印字されないことがわかった。

駅や関係各所の防犯カメラの映像も同様である。通常は半年ほどの期間しか記録は残されていない。また、そもそもこの手の調査を進めるためには、弁護士から管理者に問い合わせても回答は得られない。通常は弁護士会を通じた照会手続（弁護士法二三条の二）を使うのだが、勾留期限までに手続の申立てをし、かつ、関係者から有益な回答を得られる保証はまったくない。一弁護士の調査能力では高杉のアリバイを証明する客観証拠を収集するにはおよそ時間が足りなかった。

（注２）　実際の被疑事実はもっと具体的な日時場所、言動などが特定されている。

5　犯人とは別人だと立証する

私は、高杉のアリバイ立証と並行して、なぜ高杉が犯人であると特定されたのか、警察が握っている証拠に着目した。高杉が刑事の取り調べで聞いた話によると、逮捕の決め手になったのは防犯カメラの映像だった。

「事件直後に犯人はコンビニに寄ったみたいなんですが、そのコンビニの防犯カメラの映像が残っていて、どうやらそこに映っていた男が自分に似ていたみたいなんです」「ほかに犯人特定につながった証拠はないの？」「あとは被害者が私の写真を見て『こいつです』みたいなことを警察に言ったと聞きました」「それだけ？　しかも事件から半年以上もたってからの面割りが決め手ってひどいな。要するに、客観証拠は防犯カメラの映像だけってことですね。その映像は見たの？」「はい、映像の写真を見せられました」「どうだった？」「それが…言われると確かに似てる、と自分でも思いました」高杉は苦笑した。「えー！　自分で見ても似てるの!?」

アリバイもなければ、顔も似ている、最悪だ。私はとにかく事件の真相を紐《ひも》解く鍵を洗いざらい聞き出そうとした。

「まずその男は白パンツをはいて、お尻のポケットにチラシみたいな紙の束を折り曲げて突っ込んでいました。たぶんキャッチだと思います。でも、自分はそもそも白パンツ持ってないし、キャッチもしたことないので自分ではないと言い切れます。家を調べてもらえれば白パンツを持っていないことはわかると思いますがどうですか？」

高杉は必死に犯人の特徴と自分の違いを伝えてきたが、どれも決定的なものではなかった。

「ほかにないの？　体型とか髪型とか、何かほかにあるでしょ、違いが」「んー、そうですね、体型も髪型も写真だとよくわからないんですよね…肌も自分の色と比べて同じような…」そのときだった。「あ！　そういえば、そいつの肌、白かった！」「どういうこと？　高杉さんも白いじゃん」「いや、そうじゃないんです、この事件、去年の六月ですよね？　そうだ、思い出した。今は白いんですけど、そのとき自分真っ黒だったんです！　ちょうど沖縄に行ってメチャクチャ焼いてましたから」

新しい事実とはどういうきっかけで出てくるのかわからないものである。そう、後に高杉の友人から入手した事件当日から二週間前に撮った写真を確認したところ、確かに高杉の肌は真っ黒に焼けていたのだ。

これだ！　私はこの「肌の色」の違いが決定的な証拠となって、高杉が犯人ではないことを証明できると考えた。すでに逮捕から一週間が経過していた。高杉の処分が決まる二七日まではあと一〇日である。

私は、直ちに担当検察官に面談を求め、事件当日から二週間前の写真を提出した。しかし、担当検察官の反応は思いのほか冷淡だった。

「んー、確かに黒いと言われれば黒い…ただ、光の加減ってこともあるでしょうし、二週間前でしょ？　人によっては二週間で色が落ち着くこともあり得るんじゃないですかね、もっと直前の、例えば前日とかの写真なら別かもしれませんが、これではまだ何とも言えないですね」

前日の写真なんてそんな都合よく残されているわけがない。このときはさすがに私も落ち込んだ。しかし、あきらめるわけにはいかなかった。高杉がやっていないことはこの写真が証明している。もっと直前の肌の色がクリアに映った写真を探すしかない。私はその足で高杉のもとへ向かった。

6 一筋の希望

「先生、どうでした？　おれ出られるの？」そう期待して話しかけきた高杉に対し、私は現実を伝えるしかなかった。「検事はまだ信じてくれていない。二週間前の写真ではダメみたいだ。もっと直近の写真か何かを探すしかない。誰かいないかよく思い出して！」

しばらく高杉が沈黙した。きっとショックで落ち込んでいるのだろうと思った。すると、高杉が私に唐突に切り出してきた。「先生、実はまだ先生に伝えていないことがあるんです」。私はその先を聞くのを一瞬ためらった。「何？　まさか何か隠してるの？」。高杉は続けた。「隠してたわけじゃないんですけど、実はもう一人だけ写真を持ってる可能性のある子がいるんです」。その言葉に私は安堵するとともに、それが誰なのか尋ねた。

「桐谷です。おれ、去年まで桐谷と付き合っていて、千葉に引っ越してからは月に二、三回は会ってたんですけど、夏くらいにまた大喧嘩して別れたんです。アイツとは色々ありすぎて、おれのこと絶対恨んでるから、先生から言ってもらっても絶対協力してくれないと思うんだよね。おれもアイツにはこれ以上自分のことで迷惑かけたくないって思ってたから、言えなかったんです。すいません」

私はハッとした。この事件があまりに衝撃的な展開から始まり、バタバタと動き回っていたため、私も桐谷さんの存在を忘れていたのだ。

「桐谷さんと事件当日も会ってた可能性があるの?」「それはなんとも…去年の六月か…ワールドカップってその時期でしたっけ? 日本対コロンビア戦をみんなで観戦しようってなって、桐谷やほかの友達と歌舞伎で夜から次の日の昼くらいまで飲んでたことがありました。その日は桐谷が結構写真撮ってたと思います」

その日は一体いつなのか、私はすぐにインターネットで試合日程を検索した。「ビンゴ!!」思わず声を上げた。ブラジルワールドカップ日本対コロンビア戦が二〇一四年六月二五日午前五時から放映されていたのである。事件はその翌日午後一〇時。この日の写真に真っ黒の高杉が写っていれば、肌の白い犯人との同一性は完全に吹っ飛ぶ。

まだ希望はあった。ただ、その一方で、私は複雑な心境にもなった。もし写真が残されていなければ、高杉が事件前日昼頃まで事件現場となった歌舞伎町にいたという事実だけが残ることになるからだ。それは、犯人が高杉であった可能性を強く推認させる事実であり、裁判では非常に不利な事情として評価される。

「桐谷さん以外の人は写真撮ってないの?」。私はおそるおそる聞いてみた。「撮ってなかったと思います。みんな写真は撮らない奴らだから」

もう桐谷さんが持っているかもしれない写真に一縷《いちる》の望みを託すしかなかった。

7　元恋人への接触

「もしもし、弁護士の齊藤です。桐谷さんお久しぶりです」「あ、先生！　お久しぶりです！　先生から連絡が来るなんて珍しいですね。どうされたんですか？」。私はあまりの罪悪感から高杉のことをすぐに切り出すことができなかったが、しばらく話した後、意を決し本題を切り出した。「実は高杉のことで少しお話を聞かせてもらいたくて電話しました」

高杉というワードを聞いて明らかに桐谷さんが動揺しているのがわかった。罪悪感を抱えたまま桐谷さんに話を聞くと、事件当日の写真が残されている可能性が高いとわかった。この日は「アイツのために協力は絶対にしたくないので！」と電話を切られてしまったが、決裁日まではもう残り数日しかない。私はどうしても諦めきれなかった。桐谷さんならわかってくれる、電話の感触からもそう思えた。私は後日、桐谷さんの仕事が終わるころを見計らって、改めて電話した。二時間ほど話をしただろうか。二人のことを知っているだけに、私も相当つらいものがあった。桐谷さんはもっとつらく苦しかったはずだ。でも、彼女は動揺する気持ちを抑えながら、私の話に真剣に耳を傾けてくれた。そして、最後にこう言ってくれた。「わかりました、先生にはお見せします。アイツのために協力するのではありません。先生のために協力するんです」。その言葉が本当に嬉《うれ》しかった。桐谷さんへの感謝と同時に、これでイケる！　そう改めて確信した瞬間だった。

8　最後の障壁

翌日、私は、桐谷さんの職場まで駆けつけ、桐谷さんから携帯電話に保存されていた事件前日の写真を見せてもらった。そこには、確かに酒をあおる真っ黒な高杉の姿が写っていた。その直後に私は担当検察官に面談を申し入れた。面談の際、写真を見た担当検察官はしばらく沈黙していた。そして、ようやく放った一言がこうだ。「んー、これ本当に前日の写真なんですか？　確かに画像には『二〇一四年六月二五日』と印字されていますが、データは改ざんすることもできますからね。元データを解析しないと判断できませんよ、警察の方に指示しておくので元データを提出してください」。この期に及んで「データ改ざん」の可能性を指摘してきたことには正直唖然《あぜん》とした。しかし、ここで抵抗しても時間をロスするだけだ。もう決裁日まで時間がない。私が再び桐谷さんに電話をし、事情を説明すると、彼女は携帯電話の提供にも快く応じてくれた。ただし、彼女が出社する朝九時前に職場まで私が取りに行くこと、そして、退社する夕方五時までに返却すること、それが絶対条件だった。

私に選択の余地はなかった。桐谷さんの了解を取り付けたことを担当刑事に伝えると「検事から話は聞いています、ただ午後五時までに返却できるかはわかりません、そこはどうかご了解いただきたい」とのことであった。私は「それは無理です、午後五時には協力者に返却すると約束してお借りしたものですので、遅くとも午後四時三〇分には私のもとに返してください、これは絶対条件です」と言い放って電話を切った。

翌朝、私は、桐谷さんから携帯電話を預かると、その場でタクシーに乗り込み新宿警察署を目指した。署では担当刑事が私を待っていた。「先生！　わざわざありがとうございます！　午後五時ですね、とにかくがんばります！」あの日、私の電話の向こう側で高杉を逮捕し、取り調べを担当してきた刑事だ。当時の威勢はまったく見られず、むしろこの刑事も高杉の無実を確信しているようだった。写真を見て態度が一変したようだ。私に涙を見せるほどまでに高杉を追い込んだ警察に対してはやや複雑な思いもあったが、私はとにかく時間内に解析が終わることだけを祈るしかなかった。

三、四時間くらいたったころ、待機室のドアが開き、担当刑事が出てきた。「先生、データ取り出し完了しました！　完璧な写真です！　全然別人でしたね。あとは我々に任せてください！」

この日は決裁日まであと二、三日というギリギリのタイミングだった。このときばかりは高杉を逮捕した担当刑事にエールを送った。

三月二七日夕方ころ、高杉の携帯電話から着信があった。釈放の知らせである。担当刑事が責任をもって最後の仕事をしてくれたのだ。

「先生、アンタはニッポンイチの弁護士だ！　本当に、本当にありがとうございました！」高杉はまた泣いていた。その声に私の目にも思わず涙がにじんでいた。それくらい嬉しかったし、その一報に安堵した。

弁護士になって一三年、このときほど自分が弁護士であることを誇りに思ったことはない。そんな思い入れの強い事件だった。

最後は弁護士である私の信念に共感し協力してくれた桐谷さんにも、改めて感謝の意を表したい。

執筆者紹介

河崎健一郎《かわさきけんいちろう》　早稲田大学法学部卒／同法科大学院修了／2008年弁護士登録／東京弁護士会／モットーは「事実は小説より奇なり」

原島有史《はらしまゆうじ》　青山学院大学法学部卒／早稲田大学法科大学院修了／2010年弁護士登録／第二東京弁護士会／モットーは「何事にも謙虚であること」

村方善幸《むらかたよしゆき》　早稲田大学政治経済学部卒／同法科大学院修了／2008年弁護士登録／第一東京弁護士会／モットーは「クライアントファースト」

川上資人《かわかみよしひと》　早稲田大学商学部卒／明治大学法科大学院修了／2015年弁護士登録／東京弁護士会／モットーは「点滴石を穿つ」

森山裕紀子《もりやまゆきこ》　横浜国立大学大学院国際経済法学研究科修了／大宮法科大学院大学修了／2008年弁護士登録／第二東京弁護士会／モットーは「笑う門には福来る」

小泉恒平《こいずみこうへい》　早稲田大学理工学部卒／同法科大学院修了／2009年弁護士登録／東京弁護士会／モットーは「誠実・公平・楽しく」

水橋孝徳《みずはしたかのり》　早稲田大学法学部卒／同法科大学院修了／2009年弁護士登録／第二東京弁護士会／モットーは「誰にでもできる事件こそ、誰よりも丁寧に」

竹内彰志《たけうちしよじ》　早稲田大学法学部卒／同法科大学院修了／2010年弁護士登録／第二東京弁護士会／モットーは「待てば海路の日和あり」

趙　誠峰《ちょう　せいほう》　早稲田大学法学部卒／同法科大学院修了／2008年弁護士登録／第二東京弁護士会／モットーは「結果にこだわる」

福田健治《ふくだけんじ》　京都大学法学部卒／ペンシルバニア大学ロースクールLL.M.プログラム修了／2009年弁護士登録／第二東京弁護士会／モットーは「汝の隣人を愛せよ」

髙橋宗吾《たかはしそうご》　早稲田大学法学部卒／同法科大学院修了／2015年弁護士登録／京都弁護士会／モットーは「想像力を大切に」

西野優花《にしのゆうか》　上智大学法学部卒／早稲田大学法科大学院修了／2016年弁護士登録／東京弁護士会／モットーは「千里の道も一歩から」

三宅千晶《みやけちあき》　早稲田大学法学部卒／同法科大学院修了／2017年弁護士登録／第二東京弁護士会／モットーは“The purpose of human life is to serve, and to show compassion and the will to help others.” Albert Schweitzer

齊藤裕也《さいとうゆうや》　中央大学法学部卒／2008年弁護士登録／東京弁護士会／モットーは「初志貫徹」

グリームブックス（Gleam Books）
著者から受け取った機知や希望の“gleam《ひらめき》”を、読者が深い思考につなげ“gleam”を発見する。そんな循環がこのシリーズから生まれるよう願って名付けました。

弁護士 CASE FILE I

2021年11月10日　発行　　価格は表紙カバーに表示してあります。

著　者　　早稲田リーガルコモンズ法律事務所

発　行　㈱ 朝 陽 会　〒340-0003　埼玉県草加市稲荷2-2-7
電話（出版）048（951）2879
http : www.choyokai.co.jp/
編集協力　㈲ 雅 粒 社　〒181-0002　東京都三鷹市牟礼1-6-5-105
電話　0422（24）9694

ISBN978-4-903059-67-9
C0032　¥1000E

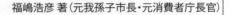

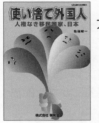

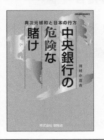